바로 지금,
전국민 고용보험이
필요하다

국민입법센터

이정희, 송명숙 지음

민중의소리

바로 지금, 전국민 고용보험이 필요하다

초판 인쇄 2020년 6월 16일
초판 발행 2020년 6월 29일

지은이 국민입법센터 이정희, 송명숙
편집 이동권

펴낸이 윤원석
펴낸곳 민중의소리
경영지원 김대영
전화 02-723-4260
팩스 02-723-5869
주소 서울시 종로구 삼일대로 469 서원빌딩 11층
등록번호 제101-81-90731호
출판등록 2003년 1월 1일

값 10,000원 ⓒ국민입법센터 이정희, 송명숙 민중의소리 ISBN 979-11-85253-79-4 03300

이 도서의 국립중앙도서관 출판예정도서목록(CIP)은
서지정보유통지원시스템 홈페이지(http://seoji.nl.go.kr)와
국가자료공동목록시스템(http://www.nl.go.kr/kolisnet)에서 이용하실 수 있습니다.
(CIP제어번호: CIP2020024063)

바로 지금,
전국민 고용보험이
필요하다

민중의소리

서문

전국민 고용보험제,
모두의 생존과
더 평등한 미래를 위하여

코로나19 사태 속에서 2020년 국회의원 총선거를 거치면서 청와대
도 여당도 전국민 고용보험 도입을 말하기 시작했다. 누가 먼저 말했는
지는 중요하지 않다. 어떤 제도를 만들어야 더 많은 사람들을 실업과 소
득 감소의 위험으로부터 더 잘 지킬 수 있는가가 중요할 뿐이다.

이 책에 담은 전국민 고용보험제도 구상의 거의 대부분은 2019년 6
월 민중당[1]의 발주로 작성된 고용보험법 개정 용역보고서에 실린 것이
다. 하주희, 송봉준, 신의철, 오민애 변호사가 이 용역을 수행했고, 민중
당 김정엽 정책실장, 송명숙 정책연구위원, 손솔 인권위원장이 구상부
터 성안까지 전 과정을 함께 했다.

이 보고서는 당시까지 최신 연구성과들을 두루 검토해 반영하면서
도, 특수고용노동자, 초단시간 노동자 등 취약계층을 비롯해 자영업자
등 모든 취업자들에게 고용보험을 적용할 실질적 방법을 마련하는데

---

1) 민중당은 2020. 6. 10. 현재 '진보당'으로 당명을 개정하는 절차를 밟고 있다.

바로 지금, 전국민 고용보험이 필요하다

주력하였다. 고용보험법의 성격상, 개정안의 법문은 상당히 복잡할 수밖에 없다. 그러나 개정안의 목적은 간단 명료하다. '일하는 모든 사람들을 실업과 소득감소의 위험으로부터 보호한다'는 것이다. 개정안이 주목하는 계층도 분명하다. 노동조합조차 갖기 어려워 자신을 실직으로부터 보호할 수단이 없는 취약계층 노동자들이다. 이 개정안의 가장 큰 특징은, 지금 한국 사회에서 진보정당의 정책이 누구를 향해야 하는지 명확히 한 안이라는데 있다.

또한 여기에 밝혀두어야만 하는 이 개정안의 미덕은, 어떤 정당도 연구자도 구상하지 못한 참신한 발상들을 현실에 도입가능한 정책으로 만들어냈다는 점이다. 이 개정안은 기혼 여성이 대부분인 무급가족종사자에 대한 보장책을 처음으로 고안하였다. 저소득 불안정노동자에게 산업변화에 적응할 새로운 기회를 제공할 '이직준비급여', '재충전급여'도 최초로 제안하였다. 특히 청년에 대한 특별한 보장인 '청년이직준비급여' 고안에 송명숙, 손솔의 역할이 컸다.

불안정노동자에 대해 갖는 동료의식, 청년에 대한 관심과 기회 보장, 여성에 대한 인정과 존중, 마땅히 진보정당이 가져야 할 것이지만 이것이 자세나 태도에 그쳐서는 별 소용이 없다. 현실에 도입할 수 있는 구체적인 정책과 법안으로 제안될 때에야 비로소 사회 변화가 본격적으로 시작될 수 있기 때문이다. 이 개정안은 변화하는 노동 현실에 맞게, 진보정당의 가치를 반영하여 고용보험제도의 틀을 다시 짜는 전면적이면서도 구체적인 안이라는 점에서 큰 의미를 갖는다.

민중당은 이 개정안을 실현하기 위해 '노동법 새로고침 특별위원회'(위원장 오인환, 김종민)를 구성해 활동하여 2020년 1월 2일 오인환 외 10,223인의 서명을 모아 김종훈 국회의원 소개로 국회에 「노동기본권의 실질적 보장을 위한 근로기준법 등 8개 노동법 개정에 관한 청원」을 냈고, 여기에 고용보험법 및 보험료징수법 개정안이 포함되었다. 나아가 2020년 4월 국회의원 총선거에서 이 내용을 '전국민 고용보험 도입' 공약으로 내놓았고, 이로부터 본격적인 논의가 시작되었다

총선 과정에서 전국민 고용보험 도입에 많은 국민들이 공감을 보내자, 하주희 변호사 등이 코로나19 경제위기 상황에 맞게 용역보고서를 보완하는 수고를 더하였다. 실업이나 폐업 뿐만 아니라 코로나19 등 피할 수 없는 재난이나 고용위기사태로 소득이 급감한 때도 고용보험이 안전망이 될 수 있도록 '소득지원급여'를 신설했다. 보통 고용보험 가입 후 일정 기간 보험료를 내야 급여를 받을 수 있는 것이 원칙이지만, 재난으로 인한 경제위기상황에서 만들어지는 법률이니만큼, 시행 후 6개월 이내에 신규가입하면 즉시 급여를 받을 수 있게 국가가 지원하는 규정도 새로 넣었다. 자영업자와 무급가족종사자도 출산전후휴가급여, 육아휴직급여를 받을 수 있게 했다. 농림어업 영세사업체까지 고용보험 적용을 확대하고, 65세 이상도 70세 미만(농림어업은 75세)까지는 실업급여 지급대상으로 하는 등 적용범위를 더 넓혔다.

이 책은 위 보완된 용역보고서를 바탕으로 이를 좀 더 읽기 쉽게 고쳐 쓴 것이다. 본문은 위 변호사들이 참여하고 있는 국민입법센터 대표를

맡은 이정희 변호사가 정리하였고, Q&A는 송명숙 연구위원이 작성하였다. 「고용보험법」 개정안 및 「고용보험 및 산업재해보상보험의 보험료 징수 등에 관한 법률」 개정안은 보완된 용역보고서 내용을 옮겨실었다. 일하는 모든 사람을 포괄하는 혁신적인 개정안을 만들기 위해 애쓴 변호사들을 비롯한 용역 참가자 모두에게, 특히 복잡한 내용을 쉽게 설명하기 위해 노력한 송명숙 연구위원에게 감사드린다.

코로나19로 전 세계가 상상하지 못한 사태를 겪고 있다. 그래도 우리 국민들이 감염의 위험에서 어느 정도 보호받으며 생활을 유지해 온 것은, 전국민 건강보험이라는 안전망이 마련되어 있기 때문이다. 다행스러운 일이 아닐 수 없다. 하지만 실업과 소득감소의 위기가 우리 눈앞에 와있다. 예술인, 특수고용노동자들이 큰 타격을 받았다. 일용직, 초단시간 노동자, 투잡 노동자들은 아파도 쉴 수 없고 거리두기 여력도 없어 감염에 노출되어 있다. 건강보험 같은 고용보험이 있었다면 조금은 다르지 않았을까.

코로나19로 인한 경제위기를 극복하려면 전국민 고용보험 도입이 시급하다. 지난 5월 예술인에 대해 고용보험 적용이 확대되었지만, 이것으로 부족한 것은 분명하다. 하루라도 더 빨리 더 많은 사람들이 고용보험 안전망 안으로 들어와 일정 수준의 생존만큼은 유지할 수 있어야 한다. 일하는 사람 모두를 포괄할 수 있는 고용안전망을 짜야 한다. 코로나19로 4차 산업혁명이 가속화되면서 여러 직종과 업무가 급격히 바뀔 수밖에 없다. 이 과정에서 특히 저학력 저소득 취약계층이 고용보험에

의지해 새롭고 더 안정된 일자리를 찾을 기회를 가져야 한다. 모두의 생존을 위해, 더 평등한 미래를 위해, 전국민 고용보험이 바로 지금 도입되어야 한다.

전국민 고용보험 도입이 시급한 만큼 더 필요한 것이 토론이다. 토론이 많이 이루어져야 정책이 빨리 도입되고 실행될 수 있다. 토론 과정에서 전국민 고용보험의 내용도 더 다듬어지고 보완될 수 있어야 한다. 활발한 토론을 위해 이 책이 작은 도움이나마 될 수 있기를 바란다.

2020년 6월
저자들을 대표하여 이정희 쓰다

차례

1

지금 고용보험이
어때서?

사각지대가 너무 크다

치킨을 만들고 배달하는 사람들, 모두 고용보험 밖에

동네 치킨집에 치킨을 주문했다. 내 집 앞에 치킨이 도착할 때까지 모두 몇 사람의 노동이 들어갈까. 고용보험은 이들 가운데 과연 몇 명이나 실업의 위험에서 보호하고 있을까.

치킨집에서 일하는 사람이 모두 넷이라고 하자. 사장님, 사모님, 주 40시간 근무 알바생, 주말에만 10시간 근무하는 알바생. 주말 알바생은 일 시작한지 한 달 되었다고 하자. 여기에 배달기사의 노동이 더해져야 한다. 그러나 이 다섯 명 가운데 고용보험 당연가입대상은 주 40시간 근무 알바생 뿐이고, 다섯 명 모두 고용보험에 들어있지 않을 가능성이 많다.

법대로라면 주 40시간 근무 알바생은 고용보험에 당연가입된다. 최저임금 받는다 치면, 보험료는 사장님 월 18,850원, 알바생 월 14,362원씩이다. 하지만 당장 1-2만원이라도 손에 쥐는 것이 급해 고용보험 자격취득을 신고하

보험료 계산 : 근로자의 근로소득에서 비과세 근로소득(식대, 여비 등)을 뺀 금액을 기준으로,

사업주 부담분 – 실업급여 보험료율 0.8% + 고용안정·직업능력개발사업 보험료율 0.25%~0.85% (상시근로자수에 따라 적용)

근로자 부담분 – 실업급여 보험료율 0.8%

지 않았을 가능성이 높다. 2018년 상반기 고용조사 결과 10인 미만 숙박 및 음식점업 고용보험 가입률은 22.4%[2]다.

주 10시간 근무 알바생은 초단시간 노동자라서 근무한지 석 달이 안 되면 고용보험법 적용 대상에서 제외된다. 배달기사는 대부분 배달업체에 '고용'된 '근로자'가 아니라 배달업체와 계약한 특수고용노동자[3]라서 고용보험 당연가입대상이 아니다. '자영업자'로 임의가입할 수는 있지만, 2017년 택배기사의 고용보험 가입률은 0.9%다.

사장님은 영세 사업주로서 고용보험에 임의가입할 수 있지만, 2018년 고용노동부 추산 자영업자의 고용보험 가입율은 0.5%다. 사모님은 사업주도 아니고 급여도 받지 않는 무급가족종사자다. 어떤 공적 기록도 없는 '보이지 않는 노동자'다. 고용보험 가입 방법이 아예 없다. 결국, 치킨이 소비자 손에 이르기까지 노동한 이 다섯 명 가운데 실업 위기에 대처할 수단을 가진 사람은 아무도 없다.

---

2) 국회예산정책처, 『고용안전망 확충사업분석』, 2019. 8., 39쪽.
3) 대법원 2018. 4. 26. 선고 2016두49372 판결은 배달대행업체 소속 배달원으로서 음식배달에 종사한 자를 산업재해보상보험법상 특수형태근로종사자인 '택배원'으로 보았다.

급여 받을 가능성도 적다

보험료를 꼬박꼬박 냈더라도, 자발적 이직이면 실업급여를 받을 수 없다. 경영악화로 권고사직하거나 성적 괴롭힘을 당하거나 가족이 아픈데 휴직이 허용되지 않거나 너무 먼 곳으로 발령나는 등 누구든 그만두리라 인정될 사정이 없다면, 도저히 일이 자신에게 맞지 않거나 다니기 힘들어도 스스로 사직서 쓰고 나오면 수급자격을 인정받지 못한다.

졸업 후 첫 취업한 청년이 있다. 주 52시간이 넘는 연장근로가 계속되어 못 견디고 그만뒀다면 자발적 이직은 아니다. 하지만 실업급여를 받으려면 180일 동안 고용보험료를 냈어야 한다. 공휴일 빼고 일한 날짜만 따지는 것이니까, 1월 1일에 취직해서 주 5일 꼬박 일했으면 9월 7일까지는 다녀야 그만둬도 실업급여를 받을 자격이 생긴다. 그 전에 그만두면 이직준비기간 동안 생계대책이 없다.

직장에 다니고 있다면 고용보험에서 받을 수 있는 급여는 출산전후휴가급여와 육아휴직급여 뿐인데, 출산휴가와 육아휴직을 받은 노동자여야 지급대상이 된다. 육아휴직이 가능한 직장은 공기업이나 대기업 정도이니 중소영세업체 노동자에게는 그림의 떡이다. 자영업자는 고용보험 임의가입해도 출산전후휴가급여와 육아휴직급여는 적용되지 않는다. 더 필요한 사람은 급여 대상에서 제외된다.

2

왜 지금
전국민 고용보험을
말하나?

정규직 직접고용 줄고
특수고용노동자 폭증,
취업자 전체를 보호해야

고용보험이 도입된 1995년에 비해 노동 현실이 크게 달라졌다. 1980년대 후반까지 일자리는 대부분 정규직 직접고용, 정년을 채우는 '평생직장'이었다. 1990년대 들어 기간제 노동자가 점점 늘더니, 1997년 국제통화기금(IMF) 구제금융사태로 정리해고가 사람들의 삶을 강타하면서 평생직장은 한 순간에 옛말이 되었다.

정규직 직접고용은 줄고, 파견 사내하청이 늘었다. '특수고용노동자'가 등장했다. 어제까지 사업주와 근로계약을 체결했던 정규직 노동자들이 하루 아침에 위탁계약서에 사인한 '사장님'이 되었다. 근로계약을 맺었을 때와 일의 내용도 방식도 다를 바 없고 수입이 크게 오른 것도 아니다. 분명하게 달라진 것은 바로, 비용과 위험을 누가 부담하느냐, 사업주가 사회보험에 가입해주느냐다. 계약서 이름을 바꾼 것과 동시에 사업주는 부담을 깨끗이 털어냈다. 비용과 위험은 '사장님'인 특수고용노동자들 스스로의 몫이 되었다. 근로계약일 때는 고용보험 당연가입대상이었지만, 이제 똑같은 일을 해도 자영업자가 되어 당연가입대상에서 제외된다. 특수고용노동자는 안정된 일자리로부터만 밀려난 것이 아니라 고용안전망에서도 제외되었다.

정리해고 바람 속에 한창 일할 나이에 직장을 나와야했던 중장년

명예퇴직자들이 음식점 등을 열면서 영세 자영업자가 크게 늘었다. 하지만 영세 자영업자 혼자서는 긴 영업시간을 감당할 수 없다. 부부가 교대로 일해야 가까스로 버틸 수 있으니 무급가족종사자 증가도 이어졌다. 그래도 모자라는 노동력은 주휴수당 주지 않아도 되고 사회보험가입비용 등 부담도 없는 초단시간 노동자로 채운다. 정리해고가 도입된 결과는 불안한 영세 자영업자의 급증으로 나타났고, 근로기준법상 보호와 사회보험의 보장으로부터 거의 완벽하게 배제된 초단시간 노동자의 증가로 이어졌다.

특수고용노동자, 영세 자영업자, 무급가족종사자, 초단시간 노동자 등 전체 취업자의 절반 이상이 당연가입대상에서 제외되어 있는 고용보험으로는 급속하게 바뀌는 노동 현실에 대처할 수 없다. '일하는 모든 사람'을 당연가입대상으로 한 고용보험, 자영업자와 무급가족종사자, 특수고용노동자까지 모두 포괄하는 '전국민 고용보험'이 있어야 한다.

투잡이 일상이 된 시대,
소득 전체를 보장해야

1995년 만들어진 고용보험법은 한 사람이 한 직장에서 주 40시간 이상 일하는 것을 전제로 했다. 두 직장을 갖더라도 한 직장에서만 고용보험가입이 가능하고, 이곳에서 얻는 소득만을 기준으로 실업급여를 지급한다.

하지만 지금은 투잡 쓰리잡이 상당히 늘었다. 낮에 직장 다니고 밤에 대리운전 아니면 물류센터에서 밤샘, 주중에는 방과후 강사하다가 주말에는 예식장 알바, 저소득층과 청년층에서 투잡 쓰리잡이 생존을 위한 일상이 되고 있다. 한 곳에서라도 실직하면 자신 또는 가족의 생계를 유지하기 어려운 경우다. 이들에게 한 곳에서만 고용보험에 가입할 수 있게 하고 그곳에서 실직해야만 실업급여를 받을 수 있게 하는 고용보험으로는, 투잡이라도 해야 생활을 지탱할 수 있는 상황에 놓인 노동자들을 제대로 보호할 수 없다. 취업자들의 소득 가운데 하나만이 아니라 소득 전체를 통틀어 보장하는 '전국민 고용보험' 이어야 투잡 시대에 대처할 수 있다.

4차 산업혁명 시대,
자발적 이직과 재충전도 보장해야

평생직장 시대에는 자발적 이직하면서 실업급여 받는 것을 도덕적 해이로 여겼다. 고용보험법은 자발적 이직을 실업급여 지급대상에서 제외해왔다. 자발적 이직이 아니라고 인정되는 사유가 다소 넓어지기는 했다. 월급을 두 달 넘게 못 받거나 성적 괴롭힘을 당했거나 통근이 크게 어려운 먼 거리로 발령나서 그만두는 경우 등은 자발적 이직으로 보지 않는다. 자발적 이직으로 보지 않는 경우는 고용보험법 시행규칙 제101조 제2항 별표2에 상세히 규정되어 있다. 대체로 '그러한 여건에서는 통상의 다른 근로자도 이직했을 것이라는 사실이 객관적으로 인정되는 경우'다. 여기에 해당해야만 자발적 이직이 아니라고 인정받아 실업급여를 받을 자격이 생긴다.

그러나 한 직장에서 계속 일한다고 당연히 정년이 보장되던 시절은 이미 지났다. 2019년 현재 임금근로자 평균 근속개월은 71개월로, 5년 11개월에 불과하다. '평생직장'이 옛말이 된 지금, 노동자가 일생 동안 경험하는 여러 번의 이직이 모두 위 별표에 해당해 자발적 이직이 아니라고 평가받을 가능성은 극히 적다.

더구나 4차 산업혁명 시대에는 지식과 기술이 하루가 다르게 바뀐다. 20대에 익힌 기술로 60세까지 버틸 수가 없다. 배운 지식만 쓰면서 사양 산업에서 자리 지키다가 레드 오션에서 허우적대느니, 새로운 기술을 조금이라도 먼저 익혀 신생 업체로 이직하던가 창업해서 선발 주자로 나서야 앞날이 보인다. 이직은 필수다.

자발적 이직 보장은 4차 산업혁명이 불평등 확산의 계기가 되는 것을 막기 위해서도 꼭 필요하다. 한국 사회는 이미 학력이 세습되고 계층과 직업이 대물림되는 사회가 되었다. 고학력 고소득 지식노동자들은 산업구조가 바뀌는 과정에서 더 많은 학습 기회를 갖고 더 좋은 직장으로 이직할 기회를 잡을 수도 있다. 그러나 새로운 기술을 익히거나 자격을 취득할 여유 없는 저학력 저소득 노동자들은 더 큰 실업과 소득감소 위기에 놓인다. 4차 산업혁명으로 사회적 격차가 커지고 불평등이 악화될 수 있다. 이직을 준비할 기회 보장은 4차 산업혁명 시대, 저학력 저소득 노동자들에게 더욱 절실히 필요하다.

평생직장 시대에 비자발적 이직에 대해서만 구직급여만 지급하는 것으로 짜여진 고용보험의 틀을 바꿔야 한다. 남들 다 하는 정도의 5년에 한 번 이직이라면, 자발적 이직에도 구직급여를 지급하는 '전국민 고용보험'이어야 이직이 일상화된 시대를 따라잡을 수 있다. 산업 변화에 맞춰 노동자가 직업능력을 향상시키고 새로운 구상을 위해 재충전할 수 있도록, '재충전급여' 신설도 필요하다.

코로나19 경제위기,
전국민 고용안전망을
더 이상 미룰 수 없다

코로나19로 전세계가 멈춰섰다. '대봉쇄(Great Lockdown)'다. 감염도 큰 문제지만 경제위기가 더 심각하다. 언제 끝날지 기약하기도 어렵다. 2020년 4월, IMF는 올해 세계 경제 성장률을 -3.0%로 전망했다. 이마저도 감염병이 조기에 종식되고 각국 정책 수단이 효과를 발휘할 것을 가정한 수치다. 1930년대 대공황 이후 최대의 경제공황이 예측된다. 미국 연방준비은행 총재는 2020년 2분기 미국 실업률이 30%로 치솟을 것이라고 예상했다.

전면 봉쇄 없이 감염병을 통제해나가고 있는 우리나라도 마이너스 성장을 피할 수 없다. 2020년 1분기 실질 국내총생산(GDP) 증가율은 -1.4%다. 2008년 금융위기 이후 가장 낮다. 2020년 4월 체감실업률은 14.4%로 2015년 통계 작성 이래 최대치다. 청년층(15~29세) 체감실업률은 무려 26.6%, 역시 역대 최대치다.

위기가 더 길어지기 전에 고용안전망을 갖춰야 한다. 마이너스 성장이 계속되면 가장 먼저 일자리를 잃을 사람들은 특수고용노동자, 프리랜서, 초단시간 노동자, 영세업체 노동자다. 자영업자들도 늘어가는 비용을 감당하지 못해 폐업과 파산으로 몰려간다. 경제위기의 타격을 가장 먼저 받는 사람들에게 아무런 고용안전망이 없다. 정부와 지방자치단체에서 특수고용노동자와 자영업자등에게 긴급지원금을 주는 등 노력하고 있지만 이것만으로는 피해받는 모두를 구제할 수도 없고, 아무 제도적 장치도 마련하지 않고 일회성 자금지원만 계속할 수도 없다.

지금 취업자 절반이 아니라 전체를 포괄하는 고용안전망을 만들어야 길어지는 경제위기에 대처하고 경제회복까지 국민의 생존을 보장할 수 있다. 한 사업장에서 얻는 소득만 보장하는 것을 넘어 소득 전체를 보장하는 고용안전망을 만들어야 국민들이 최소한의 생활을 유지할 수 있다.

코로나19 경제위기는 그냥 버틴다고 극복될 수 있는 것이 아니다. 변화된 상황에 맞게 산업구조를 바꿔나가야만 극복될 수 있다. 코로나19 경제위기는 4차 산업혁명의 속도를 더욱 높일 것이다. 비대면 디지털 전환이 전 산업에서 일어나면서 정보통신분야는 빠른 속도로 발전할 것이고, 제조업 노동의 로봇화가 촉진될 것이다. 교육과 행정, 소비가 온라인에서 이루어지고, 사람의 이동은 줄고 물건의 이동과 정보의 유통은 늘며, 보건의료 및 돌봄서비스 인력 필요는 꾸준히 늘어날 것이다. 전 산업에서 안전 확보와 인권 보장이 더욱 중요해질 것이다. 이 변화에 따라 노동자들의 직종과 업무 내용이 바뀔 것은 당연하다. 국민들, 특히 저학력 저소득 노동자들이 이 변화에 적응해나갈 수 있도록 고용보험이 새로운 기회와 가능성을 보장해주어야 한다.

더 이상 미룰 수 없다. 전국민 고용안전망을 지금 만들어야 한다. 언제 끝날지 자신할 수 없게 밀려오는 파도에서 국민들의 생존을 지키려면, 지금 전국민 고용보험이 필요하다. 코로나19 이전으로 돌아갈 수 없다면, 산업구조가 바뀔 수밖에 없다면, 국민들이 이 변화에 적응하고 선도할 수 있도록 전국민 고용보험을 만들어야 한다. 바로 지금.

3

모든 일하는
사람에게
고용보험을

사각지대를 없애자

지금의 고용보험법의 가장 큰 문제는 사각지대가 너무 크다는 것이다. 2018년 8월 기준 전체 취업자는 모두 2,691만 명인데, 고용보험 적용율은 48.2%밖에 안 된다. 취업자 절반이 넘는 1,392만명, 51.7%가 고용보험 사각지대에 있다.

> 취업자 : 15세 이상 64세 이하 인구 가운데 통계청의 경제활동인구조사 시점 이전 일주일 동안 수입을 위해 1시간 이상 일한 사람, 18시간 이상 일한 무급가족종사자, 일시 휴직자

고용보험법에 정해진 사업에 따른 적용 예외, 노동자에 따른 적용 예외도 있다.

> 노동자에 따른 적용 예외
> 1. 초단시간 노동자 가운데 3개월 이상 계속 근로를 제공하지 않은자
> 2. 65세 이상 신규 취업자 (실업급여, 출산 육아 급여 제외)

> 사업에 따른 적용 예외
> 1. 농림어업 중 법인 아닌 자가 상시 4명 이하를 사용할 경우
> 2. 건설산업기본법상의 건설업자 등이 시공하는 공사를 제외한 소규모 공사들 (총공사금액 2천만원 미만, 100㎡ 이하의 건축, 200㎡ 이하의 대수선)
> 3. 가구 내 고용활동 및 달리 분류되지 아니한 자가소비 생산활동

표1 : 고용보험 사각지대 규모(2018년 8월 기준)[4]

경제활동인구 2,804만 명				
취업자 2,691만 명				
① 비임금 근로자 (자영업자, 무급가족종사자) 686만 명 (취업자의 25.5%)	임금근로자 2,005만 명 (취업자의 74.5%)			
	② 적용제외 (특수고용 노동자 등) 345만 명 (임금근로자의 7.2%)	고용보험 당연가입대상 1,660만 명 (임금근로자의 82.8%)		
		③ 미가입자 361만 명 (당연가입 대상의 21.8%)	실제 가입자 1,298만 명 (당연가입대상의 78.2%)	
			실업급여 요건 미충족 (자발적 이직 등)	실업급여 요건 충족
제도적 사각지대		실질적 사각지대	실업급여 수급 못함	실업급여 수급 가능

★ 고용보험 사각지대 1,392만명 = ①686만명 + ②345만명 + ③361만명
★★ 취업자 대비 고용보험 적용 비율 = 1,298만명/2,691만명 = 48.2%
★★★ 고용보험 사각지대 비율 = 1,392만명/2,691만명 × 100 = 51.7%

그런데 이보다 더 큰 제도적 사각지대는 자영업자와 무급가족종사
자, 특수고용노동자다. 자영업자 가운데 농림어업 개인사업자와 부
동산임대업을 제외한 50인 미만 고용 자영업자는 임의가입 가능하지
만, 2018년 가입률이 고용노동부 추정상 0.5%, 2017년 사업부진으

---

4) 국회예산정책처, 「고용안전망 확충 사업 분석」, 18쪽, 고용보험 사각지대 규모 도표를 설명의 편
     의를 위하여 일부 수정함.

바로 지금, 전국민 고용보험이 필요하다

로 폐업한 자영업자 중 실업급여 수급자는 0.1%다. 무급가족종사자
는 고용보험에
가입할 방법이
전혀 없다.

> 무급가족종사자: 자신에게 직접 수입이 오지 않더라도 자기 가구에서 경영하는 사업체나 농장의 수입을 높이는 데 (조사대상주간에) 18시간 이상 도와준 자

　특수고용노동
자는 실제로는 노동자나 다를 것 없이 사업주의 지시에 따라 또는 사
업조직에 편입되어 일하면서도 형식상 고용계약을 맺지 않았다는 이
유로 고용보험 당연가입대상에서 제외되어 자영업자로 임의가입만
가능한데, 보험모집인, 화물운전기사, 퀵서비스 기사, 레미콘 기사,
덤프트럭 기사, 대리운전 기사, 택배운전기사 7개 주요 직종에서도
고용보험 가입률이 3.4%[5]에 지나지 않아, 제도적 사각지대로 분류
될 수 있다.

　실질적 사각지대의 대다수는 초단시간 노동자, 일일 노동자, 영세
업체 노동자 등 취약계층
이다. 2019년 경제활동인
구조사 부가조사에 따르
면, 초단시간 노동자 93.2

> 초단시간 노동자: 1개월에 60시간(1주에 15시간) 미만 일하는 근로자

만명 가운데 고용보험 가입율은 2.3%, 일일 노동자 74.8만명 가운데
고용보험 가입률도 5.7%에 불과했다. 5인 미만 영세사업체의 임금

---

5)　정흥준 외, 『특수형태근로종사자 근로실태파악 및 법적 보호방안 연구』, 고용노동부, 2017

표2 : 고용보험 사각지대 규모(2018년 8월 기준)[6]

분류	총인원 (만 명)	고용보험 가입률(%)	고용보험 미가입 인원(만 명)
초단시간 노동자	93.2	2.3	91.1
일일 노동자	74.8	5.7	70.5
5인 미만 영세업체 노동자	378.3	40.1	226.6

★ 초단시간 노동자, 일일 노동자 통계는 2019년 8월 경제활동인구조사 부가조사 결과

노동자 378.3만 명 가운데 고용보험 가입률은 40.1%였다.

결국 전체 실업자 가운데 실업급여를 받지 못하는 사람이 60% 가량[7]이다. 고용보험제도가 실업 위험에 대처하는 사회보험으로 자리잡았다고 말하기 어색할 정도의 수치다.

제도적 사각지대를 없애는 법 개정, 실질적 사각지대를 없애기 위한 대책이 필요하다. 전세계적인 재난과 경제위기, 노동시장의 급격한 변화가 예상되는 지금, 모든 일하는 사람들을 실업과 소득감소의 위험으로부터 보호하는 전국민 고용보험 도입이 절실하다.

---

6)   정흥준, 「코로나19, 사회적 보호 사각지대의 규모와 대안적 정책방향」, 『고용·노동브리프』 제97호, 한국노동연구원, 2020. 4. 22., 6쪽.
7)   장지연, 「보편주의가 작동하는 고용안전망 : 소득보장과 능력개발기회」, 『월간 노동리뷰』, 2018년 10월호, 한국노동연구원, 90-91쪽 참조.

특수고용노동자

특수고용노동자, '근로자' 아니라고 부인당한 사람들

가장 문제되는 사각지대는 특수고용노동자다. 1997년 IMF사태를 거치면서 사업주들은 '고용'했던 노동자들을 대거 독립사업자로 바꿨다. 레미콘 기사, 학습지 교사 등이 대표적인 특수고용노동자다. 특수고용노동자도 자신의 노동을 제공해 대가를 받아 먹고 산다는 점, 사업주의 조직에 편입되어 규칙에 따라 일한다는 점에서 고용된 노동자와 다르지 않다. 하지만 고용계약이 없다는 이유로 비용도 위험도 사회보험도 모두 자기 부담이다. 현행 고용보험법상 특수고용노동자는 자영업자로 분류되어 임의가입만 가능하다.

특수고용근로자는 166만 명[8]에서 230만 명[9]까지로 추계되는데, 2019년 8월 현재 임금근로자 평균 근속개월은 71개월, 1년 미만 근속은 32.2%지만[10], 특수고용은 이보다 재직기간이 훨씬 짧아, 2018

---

8) 정흥준, 「특수형태근로종사자의 규모 추정에 대한 새로운 접근」, 『고용·노동브리프』 제88호, 한국노동연구원, 2019. 3., 11쪽.
9) 조돈문 외, 「특수형태근로종사자 인권상황 실태조사결과」, 국가인권위원회 2015. 12. 18. 주최 '특수형태근로종사자 인권상황 실태파악 및 보호방안 마련을 위한 토론회' 자료집
10) 통계청, 국가통계포털, 「근로형태별 평균근속기간 및 근속기간별 구성비」
     http://kosis.kr/statHtml/statHtml.do?orgId=101&tblId=DT_1DE7079S&conn_path=I2

년 기준 산재보험 가입대상인 9개 직종의 2016년 이직자 가운데 1년 미만 근속이 52%나 되었다.[11] 일자리가 불안정한 특수고용노동자는 이직 후 새로 일을 구하기까지 경제적 위기에 몰리는 경우가 많을 수밖에 없다.

특수고용노동자 전부가 당연가입대상 되어야

특수고용노동자들도 근로자로 보고 고용보험 당연가입대상으로 바꿔야 한다. 개정안은 근로자의 범위를 현행 근로기준법이 정한 "직업의 종류와 관계없이 임금을 목적으로 사업이나 사업장에 근로를 제공하는 자"보다 크게 넓히는 데서 출발한다. 즉, 보험료징수법 개정안은 '근로자'를 "계약의 형태를 불문하고 대가를 목적으로 타인의 사업을 위하여 노무를 제공하는 자"로 정의해, 특수고용노동자도 근로자에 포함되게 했다. 또 위 법 개정안은 특수고용노동자에 대해 보험관계 신고와 보험료 산정의 특례 외에는 이 법의 적용상 근로자에 속한다는 명시 규정도 두었다.

사업주는 누구일까? 외형상 명목이 어떻든, 사업의 필수 부분을

---

11) 박찬임, 「특수형태근로종사자 근로실태 : 산재보험 적용 9개 직종을 중심으로」, 『월간 노동리뷰』 2018년 7월호, 한국노동연구원, 17쪽.
2018년 특수고용노동자로서 산재보험 가입대상이었던 9개 직종은, 당시 산업재해보상보험법 시행령 125조의 다음 직종이다. 보험모집인, 건설기계운전자, 학습지 교사, 골프장 캐디, 택배원, 퀵서비스, 대출모집인, 신용카드회원 모집인, 대리운전기사. 2020. 1. 7. 시행령 개정으로, 방문판매원, 대여 제품 방문점검원, 가전제품 설치 수리원, 화물차주(수출입 컨테이너, 시멘트, 철강재, 위험물질 운반)가 2020. 7. 1.부터 산재보험 가입대상에 포함된다.

이들로부터 제공받는 노동으로 영위하고 그 대가를 지급하는 자가 사업주다. 여러 업체로부터 콜을 받는 대리운전기사처럼 특수고용노동자가 여러 사업주에게 노무를 제공할 때는, 각 사업주가 자신이 노무제공의 대가로 지급한 금액에 비례해 사업주 부담 보험료를 납부하면 된다.

고용보험위원회는 2018. 7. 31. 특수고용노동자에 대해서도 고용보험을 당연 적용하되, 종사형태가 다양하므로 고용보험의 보호 필요성 등을 반영하여 단계적으로 적용하기로 의결하였다.[12] 위 의결과 관련해 고용노동부는 "적용대상 직종 등은 고용보험위원회에서 결정"한다는 보도자료를 냈다. 2018. 11. 6. 한정애 의원등 16명이 발의한 고용보험법 개정안도 위 내용으로, 정부 입장을 반영한 것으로 보인다.

그러나 특정 직종만 당연가입대상으로 하고 그 외에는 임의가입으로 남겨놓으면, 그 외 직종에서 계속 생겨나는 특수고용노동자들은 고용보험 밖에 머물게 방치하는 결과가 된다. 보험료 지출을 피하려는 사업주가 새로운 유형의 특수고용을 만들어낼 우려도 있다. 특수고용노동자 전부가 고용보험 당연가입 대상이 되도록 열어두어야 한다.

---

12) 고용노동부, 2018. 8. 6.자 보도자료, 「특수형태근로종사자. 예술인도 실업급여를 받을 수 있게 된다」
https://www.gov.kr/portal/ntnadmNews/1556105

예술인

　2020. 5. 20. 개정된 고용보험법은 예술인복지법상 예술 활동 증명을 받은 예술인으로서 문화예술용역 관련 계약을 체결하고 자신이 직접 노무를 제공하는 사람을 당연가입대상에 포함시켰다. 예술인에 대해서만이라도 고용보험 당연가입범위가 넓어진 것은 다행스러운 일이다.

　다만 이직일 이전 24개월 동안의 피보험 단위기간이 9개월 이상이어야 구직급여를 지급받을 수 있으니, 법 시행 후 9개월 동안 보험료를 내야 혜택을 보는데, 당장 코로나19 사태로 계약이 끊기고 언제 복구될지 알 수 없는 상황이다. 법 시행 후 일정 기간 이내에 가입신청하는 예술인들에게는 피보험 단위기간을 충족한 것으로 하고 바로 구직급여를 받을 수 있게 했어야 실질적인 대책이 될 수 있었을 것이다.

　개정법은 예술인을 근로자와 자영업자와 구분되는 별도 유형으로 분류해 예술인 증명을 통해 가입하도록 특칙을 두었다. 하지만 전국민 고용보험제에서는 모든 근로자와 자영업자를 당연가입대상으로 하므로, 예술인도 근로자 또는 자영업자로서 당연가입되고, 가입 관련해 별도의 자격 증명을 필요로 하지는 않게 된다.

　　바로 지금, 전국민 고용보험이 필요하다

중소 영세 자영업자

영세 자영업자, 임금노동자보다 못하다

2016년 557만명[13]에 이른 자영업자에 무급가족종사자를 합치면 경제활동인구의 26%에 달한다. OECD 가입국 가운데 그리스, 터키, 멕시코에 이어 네 번째로 높은 비율이다. 2017년 국내 영리기업 중 연간 매출액이 있거나 근로소득지급명세서에 기재된 상용근로자가 있는 활동기업 가운데 1인 기업은 전체의 79.4%다. 자영업자 다섯 가운데 넷은 혼자 운영하는 매우 영세한 자영업자다. 2016년 기준 자영업자의 1인당 소득은 임금 근로자의 60% 수준이다.[14]

영세 자영업자들은 임금근로자보다 실직의 위험에 더 많이 노출되어있다. 2006년 – 2013년 기준 국내 자영업 60%가 3대 주요 업종인 도·소매업(28%), 음식점 및 숙박업(22%), 수리 및 기타 개인 서비스업(10%)에 종사했는데, 업종별 평균 생존기간은 도·소매업, 음식점 및 숙박업, 수리 및 기타 개인 서비스업 각각 5.2년, 3.1년, 5.1년이었다.[15]

13) 김도균 외, 『자신에게 고용된 사람들 – 한국의 자영업자 보고서』, 후마니타스, 2017, 6쪽
14) 김도균 외, 위의 책, 10쪽
15 남윤미, 「국내 자영업의 폐업률 결정요인 분석」, 『BOK경제연구』 2017-5호, 한국은행

숙박·음식점업으로 좁혀보면, 통계청 조사결과 2017년 기준 1년 생존률이 61%로, 39%가 1년도 못되어 문을 닫는다. 2년 생존률이 이미 42.9%로 떨어지고, 5년 생존률은 18.9% 뿐이다.[16] 자고 일어나면 음식점 간판이 바뀌고 주인이 바뀐다. 더 좋지 않은 것은, 자영업자들이 자영업을 접으면 대부분 임시직, 일용직이나 실업 또는 비경제활동으로 옮겨간다는 점이다. 자영업자 가운데 폐업 후 다시 상용직으로 돌아가는 이들은 10%를 넘지 않는다. 서비스 산업 자영업자는 57.1%가 50-60대[17]인데, 자영업은 중고령층에게 안정된 일자리 역할을 하기보다는 오히려 더 불안정한 고용형태로 이동하기 전 통과하는 경로에 지나지 않는다.[18]

중소영세 자영업자, 임의가입에서 당연가입으로

고용보험법은 1인 자영업자나 50인 미만 노동자를 고용한 자영업자도 부동산임대업이나 적용 제외 사업이 아니면 임의가입할 수 있도록 하지만, 2018년 가입률이 고용노동부 추정상 0.5%다. 1인 소상공인 기준으로 하면, 2019년 12월 기준 고용원이 없는 자영업자는

---

16) 통계청, 2018. 12. 10.자 보도자료, 「2017년 기업생멸행정통계 결과」
   http://kostat.go.kr/portal/korea/kor_nw/1/9/1/index.board?bmode=read&aSeq=371939&pageNo=&rowNum=10&amSeq=&sTarget=&sTxt=
17) 김도균 외, 위의 책, 7쪽
18) 김도균 외, 위의 책, 130-131쪽

405만명에 달했는데, 고용보험에 가입한 1인 소상공인은 15,549명 (0.38%)에 불과했다.[19]

　　OECD도 우리나라에 대해 자영업자의 고용보험 의무 가입을 권고했다.[20] 자영업자들도 고용보험법상 당연가입대상으로 바꿔야 한다. 보험료는 자영업자들의 소득에 따라 부과하면 된다.

19) 박충렬, 「저소득 소상공인 사회안전망 강화 방안」, 국회입법조사처, 『이슈와 논점』 1664호, 2020. 2. 27.
20) OECD, 『디지털화 : 한국의 차세대 생산 혁명을 위한 성장 동력』, 2017. 10., 8쪽

무급가족종사자

무급가족종사자, 그야말로 아무 대책이 없다

1인 자영업자 또는 4명 이하 고용 영세 자영업자는 배우자 등 가족의 무급노동으로 지탱하는 경우가 많다. 2016년 현재 무급가족종사자만 112만명[21]인데, 2009년 6월 근로복지공단 지원으로 실시된 조사에서는 무급가족종사자 가운데 배우자가 68.7%, 배우자의 일일평균노동시간은 7.8시간에 달했다.[22]

부부가 같이 자영업을 하면 대부분 사업자등록은 남편 명의로 하고 아내는 무급가족종사자가 되므로, 결국 무급가족종사자의 2/3 이상은 노동자나 크게 다름없는 시간 동안 일하는 기혼 여성이다. 이들은 자기 이름으로 보수를 받는 것이 아니어서 현행법으로는 고용보험에 가입할 방법 자체가 없다.

OECD는 우리나라에 대해 "무급가족종사자에 대한 명확한 법적 지위 확보를 통해 고용 보험 수혜 범위를 확대해 시행할 것"을 권고했

---

21) 김도균 외, 위의 책, 6쪽
22) 김상호 외, 「가족종사자 산재보험 적용 타당성 및 적용방안 검토」, 2010 노동부 정책연구용역, 2010. 8., 61-61쪽

다.[23)]

배우자인 무급가족종사자 임의 가입부터

우리나라에서는 무급가족종사자가 실제 노동에 종사하고 있는지를 객관적으로 확인할 방법이 마련되어 있지 않다. 따라서 이들의 고용보험 가입은 임의가입으로 시작할 수밖에 없다. 무급가족종사자의 대부분은 자영업자의 배우자이므로, 일단 배우자의 임의 가입부터 허용한다. 기혼여성인 무급가족종사자가 고용보험 가입으로 출산전후휴가급여와 육아휴직급여를 받을 수 있게 되면 실질적인 도움이 될 수 있을 것이다.

무급가족종사자의 보험료와 급여액 결정은 어떻게 할까? 무급가족종사자가 자신의 배우자인 자영업자의 어느 사업에 종사하고 있는지를 신고하면, 신고 이후 그 사업에서 생긴 소득은 자영업자와 무급가족종사자가 절반씩 얻은 것으로 간주한다. 민법이 부부 가운데 누구에게 속한 것인지 분명하지 않은 재산은 부부의 공유로 추정하는 것, 공유자들의 지분은 균등한 것으로 추정하는 취지에 따른 것이다. 외형상으로는 자영업자 혼자 얻은 소득으로 비치지만, 실질로는 자영업자와 배우자인 무급가족종사자가 함께 얻은 소득이라고 보는 방

---

23)) OECD, 위의 글, 8쪽

법이다. 물론 고용보험법 적용에 관해서만이다. 그 절반씩의 소득액에 비례해 자영업자와 무급가족종사자에게 각각 보험료를 부과하고, 보험료에 비례해 급여액을 정하면 된다. 만일 어느 한 쪽의 기여가 더 크다면 서로 합의해 소득의 30~70% 사이에서 배분비율을 신고할 수 있고, 이에 따라 소득을 배분해 보험료와 급여액 결정 기준으로 한다.

초단시간 노동자

　최근 사업주가 초단시간 노동자의 사회보장 및 휴식권 보장 비용을 부담하지 않기 위해 전일제 일자리를 2-3명의 초단시간 노동자로 대체하는 '쪼개기 계약' 사례가 늘면서, 초단시간 노동자가 급증하고 있다. 이들은 대부분 여성, 저학력, 노년층 또는 청년층 저소득 노동자다.

그림 1 - 초단시간 노동자의 연도별 규모

(단위 : 명)

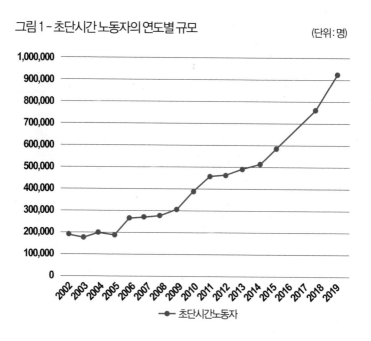

2019년 8월 경제활동인구조사 부가조사 결과 초단시간 노동자는 93.2만명으로, 보건사회서비스업(28.5%), 숙박·음식점업(17.3%), 교육서비스(13.8%)에 종사하는 초단시간 노동자가 57.4%다. 코로나19로 고용불안이 심각한 분야다. 현행 고용보험법은 초단시간 노동자가 재직 3개월이 되지 않으면 고용보험 적용대상에서 제외한다. 이 적용제외규정을 없애야 가장 취약한 계층의 노동자들이 보호받을 수 있다.

주 4일 이하로 일하는 초단시간 노동자도 주 5일 일하는 노동자와 같이 일정 재직기간을 채우면 구직급여를 받을 수 있게 하는 것이 필요한데, 이는 뒤에서 자세히 본다.

다만 초단시간 노동자 가운데는 학업과 병행하거나 육아 또는 돌봄과 병행하는 등 경제활동에 전념하기 어려운 사정이거나 다른 주소득 획득에 주력해야 하는 경우도 있어, 뒤에서 설명하는 재충전급여는 적용하지 않고 구직급여와 이직준비급여만 적용한다. 물론, 전체 노동시장 구조와 노동형태의 변화에 따라 이 역시 계속 재검토 대상이 되어야 한다.

65세 이상 취업자

생계를 위해 일을 하는 65세 이상 취업자가 꾸준히 늘고 있다. 2019년 11월 기준으로 65세 이상 인구의 35%가 일하고 있고, 전년 동기 대비 65세 이상 인구 증가율보다 취업자 증가율이 배 이상 높다.

표3 : 65세 이상 취업자 증가율

(단위 : 만 명)

기준시점	2018. 11.	2019. 11.	증가인원	증가율(%)
65세 이상 인구	750.2	786.6	36.4	4.6
65세 이상 취업자	251.3	275.5	24.2	9.6

하지만 현행 고용보험법상 65세 이상 취업자는 65세 이전에 고용보험을 가입한 뒤 비자발적으로 퇴사하거나 폐업할 때만 실업급여 지급대상이 된다. 퇴직 후 좀 쉬었다가 65세가 넘어 근로자로 신규 채용되거나 개업한 경우에는 실업급여 지급대상에서 제외된다.

최근 정부가 추진한 중장년취업 지원 관련 취업성공패키지 신청가능 연령이 2017년부터 65세 이하에서 69세 이하로 높아졌다. 15세부터 64세까지로 규정된 생산가능인구 기준을 15세부터 69세로 변경하자는 논의도 이뤄진다. 노인 경제활동 참가율이 나날이 높아지는 상황을 반영해, 실업급여 적용제외 연령 또한 현행 65세 이상에서 70세 이상으로 올려 사각지대를 줄일 필요가 있다.

　다만 농림어업 종사자들은 대부분 고령으로, 2019년 기준 농가 경영주의 61.8%가 65세 이상, 32.5%가 65세에서 74세 사이이다.[24] 농림어업에 대해서는 위 연령 기준을 75세로 한다.

표4 : 농가경영주 연령 분포

(단위 : 명)

	전연령	65세 미만	65세 이상-70세 미만	70세 이상-75세 미만	75세 이상
인원수	1,007,158	382,978	162,648	165,495	296,036
비율		38.0%	16.1%	16.4%	29.3%

24)) 통계청, 농림어업조사, 2019, 「경영주 연령별 농가」
　　http://kosis.kr/statHtml/statHtml.do?orgId=101&tblId=DT_1EA1019&conn_path=I3

바로 지금, 전국민 고용보험이 필요하다

농림어업 종사자

　현행 고용보험법 제8조, 시행령 제2조 제1항 제1호는 농림어업 중 법인이 아닌 자가 상시 4명 이하의 근로자를 사용하는 사업을 적용대상에서 제외한다. 그러나 영세 사업주가 고용한 농림어업노동자는 파종기나 수확기에 단기간 일하는 등 고용이 불안정한 경우가 많아, 실업의 위험으로부터 보호할 필요성도 크다. 당연가입대상에서 농림어업 영세업체 노동자를 제외하는 규정은 삭제해야 한다.

　농림어업 사업자 중에서도 법인 사업자와 상시 5명 이상 고용 사업자는 임의가입할 수 있는데, 현행 보험료징수법 제49조의2 제1항, 같은 법 시행령 제56조의5 제3호는 자영업자 가운데 농림어업 중 법인아닌 사업자가 상시 4명 이하를 고용하는 경우를 임의가입대상에서 제외하고 있다. 농림어업 영세 사업자는 임의가입도 차단되어 있는것이다. 영세 사업자가 법인이나 5명 이상 고용 사업자보다 실업과 소득감소의 위험에 더 가까이 있는 것은 농림어업도 마찬가지다. 농림어업 영세사업자도 자영업자와 같이 당연가입 대상으로 한다.

4

실업급여,
나도 받을 수 있다!

투잡도 보장 – 부분실업급여

2020. 1. 통계청 고용동향 자료에 따르면, 부업을 가진 사람 수가 2019년 월평균 47만 3천명으로, 2003년 통계 작성 이후 가장 많았다. 부업자 증가율도 전년 대비 9.3%로, 2010년 이후 최고였다. 취업자 증가율 1.1%보다 크게 높다. 부업자 가운데 가구주 비중은 65.6%로, 2008년(67.1%) 이후 최고였다. 생계를 위해 투잡을 갖는 사람이 늘고 있다는 것이다.

투잡 희망자, 곧 1주일에 취업시간이 36시간 미만이면서 추가 취업을 희망하는 '시간 관련 추가취업가능자'도 2019년에 전년 대비 19.2% 증가해 75만명을 넘어섰다. 2015년 통계 작성 이후 최대 규모다. 36시간 미만 근로자의 상당수는 임시·일용직일 것으로 추정되는데, 저임금 근로자로서 근로시간 또는 임금이 충분하지 못해 투잡을 구하는 경우가 많고, 이 구조가 바뀌지 않는 한 투잡은 앞으로도 계속 늘어날 가능성이 높다.

투잡을 하는 동기의 상당수가 한 직장만 다녀서는 생계를 유지하기 어려워서이므로, 여러 직장에 다니더라도 모두 고용보험에 가입하게 하여 그 중 한 곳의 실업으로 인한 위험도 보호해야 한다.

한 직장에서 실직하여 남은 소득이 최저임금의 80%에 미치지 못하면 부분실업으로 보고, 최저임금의 80% 수준까지는 부분실업급여를 받을 수 있게 한다.

코로나19로 인한 소득 감소도 보장 – 소득지원급여

코로나19 사태와 같이 천재지변이나 전염병이 발생한 경우, 대규모 기업의 도산이나 구조조정 등으로 지역의 고용안정에 중대한 문제가 발생하여 해당 지역이 고용재난지역으로 선포된 경우 등 개인에게 책임을 물을 수 없는 사유로 소득이 최저임금의 80% 미만으로 급격하게 감소하는 때에는, 생활안정을 위한 최소한의 소득을 보장할 수 있도록 최저임금의 80% 상당액까지 소득지원급여를 받을 수 있도록 한다.

현행 고용보험법상 경기 변동이나 산업구조의 변화 등으로 고용조정을 피할 수 없게 된 사업주가 근로자를 해고하지 않고 휴업시키는 등 고용안정 조치를 하면 정부가 그 사업주에게 고용유지지원금을 지급할 수 있다. 휴업으로 근로자 임금이 줄면 정부는 근로자에게도 직접 지원할 수 있다. 그러나 코로나19 사태로 드러난 것처럼, 사업주가 휴업수당 가운데 고용유지지원금으로 지원되지 않는 10-20%의 부담도 피하기 위해 휴업하지 않고 해고하는 경우도 많다. 또 현재의 고용유지지원금으로는 고용계약이 체결된 근로자는 일부 보호할수 있지만, 특수고용노동자와 영세 자영업자는 보호하기 어렵다. 이들을 모두 자신의 책임이 아니고 피할 수도 없는 소득감소의 위험으로부터 보호하려면 별도의 소득지원급여 신설이 필요하다.

안식월, 나도 쓴다 –
7년마다 90일씩, 재충전급여

　근로자가 보험료를 꼬박 냈더라도, 계속 직장에 다닌다면 고용보험료는 그저 나가는 돈이지 실제 수급받을 일은 거의 없다. 하지만 이직 없이 계속 재직하는 노동자에게도 재충전의 시간이 필요하다. 다니던 직장에서 하던 일을 계속 하면서는 새로운 기술을 배우기도 어렵고, 피로한 몸을 이끌고 다른 분야의 직업능력을 제대로 향상시키는 것은 몹시 힘겹기 때문이다.

　2019년 9월 현재 정규직 임금근로자 평균 근속개월이 94개월이니, 이를 기준으로 7년 고용보험료를 납입했다면 중간에 직장을 옮겼든 아니든 현 직장에서 90일 휴직하면서, 기초일액의 90%를 고용보험으로부터 받을 수 있게 한다. 만약 그 노동자의 기초일액이 최저임금보다 낮으면 최저임금만큼 받을 수 있다. 노동자들은 이 기간 동안

> 기초일액 : 지난 3개월 동안 받은 임금의 평균. 상한이 하루 11만원으로 정해져있다.

직업능력향상을 위한 교육을 받거나 자격증을 취득할 수 있다. 때로는 쉼 그 자체가 이후 더 나은 직장생활을 위해 필요하고 유익한 것이 될 수도 있다. 자신이 낸 보험료의 가치를 확인할 수 있는 기회다.

영세업체 노동자, 특수고용노동자에게 더 유용

공무원이나 대기업, 대학은 지금도 5년 또는 7년에 한 번, 1년을 쉬게 하는 등 안식년 제도를 시행한다. 중소기업 가운데도 안식월을 주는 곳이 있다. 이미 안식년을 쓸 수 있었던 대기업 또는 고소득 노동자에게 재충전급여는 큰 진전으로 느껴지지 않을 수 있다.

하지만 영세업체는 무급이든 유급이든 안식월도 보장할 여유 자체가 없다. 휴일도 제대로 쉬기 어려운 영세업체 노동자나 특수고용노동자들도 고용보험에서 지난 3개월간 받은 임금 평균액의 90% 또는 최저임금 상당액을 90일 동안 받으며 다른 자격증을 따거나 쉴 수 있다면, 이전에 기대조차 할 수 없었던 시간과 여유를 갖게 된다. 재충전급여는 영세업체, 특수고용, 저임금 노동자들에게 더 필요하고 더 유용하다.

온전히 나를 위한 시간

재충전급여기간은 아이를 낳거나 키우거나 가족 돌봄의무를 이행하라고 주어지는 시간이 아니다. 오로지 나 자신을 위한 것이다. 어떤 의무도 부과되지 않는다. 내 뜻대로 쓸 수 있는 시간을 보장하기 위한 급여다. 직업능력을 향상시키거나 쉬거나 봉사활동을 하거나 재충전을 위한 것이라면 무엇이든 가능하다.

하지만 재충전급여로 확보한 시간을 다른 사업에서 일해서 돈 버는 데 온통 쏟는 것은 지급중단사유다. 돈을 더 벌 기회를 마련해주는 것이 재충전급여의 목적이 아니기 때문이다. 다만 부분실업급여를 새로 만드는 취지에 비추어, 최저임금의 60% 미만의 수입을 얻는 것은 지급중단사유에서 제외된다.

재충전급여는 적립해서 쓸 수 없다. 보험료 납입기간 7년~14년까지 사이에 재충전급여 청구를 하지 않으면 소멸한다. 7년 일했으면 한 번은 재충전하도록 보장하려는 것이 이 제도의 목적이기 때문이다.

사업주 추가 부담 없다

사업주는 이 휴직기간 동안 근로자에 대한 임금지급 및 원천징수 의무, 사업자 부담분 보험료 납부의무를 지지 않는다. 지금은 근로자에게 유급 안식년 또는 안식월을 주려면 사업주가 임금을 지급해야 한다. 하지만 재충전급여가 도입되면 사업주는 90일 동안은 급여와 고용보험료 모두 부담하지 않는다. 재충전급여 도입으로 가장 크게 이익을 보는 사업주는 유급 안식월을 주던 중소기업이다.

자영업자는 휴업을 못하는데? : 이직준비급여 연장!

  직장에 다니는 노동자들은 재직 상태에서 휴직하고 재충전급여를 쓸 수 있지만, 자영업자들은 단 일주일도 가게 문 닫고 휴업 딱지 붙여놓고 다른 일 할 수가 없다. 고작해야 여름 휴가 사나흘 문닫는 게 전부지, 아무리 문 닫고 쉬고 싶어도 차라리 아예 가게를 그만두면 모를까 휴업은 불가능하다.

  자영업자들이 실질적인 재충전시간을 가지려면, 방법은 폐업신고 하고나서 새로 영업 시작하기 전까지 좀 더 쉬는 수밖에 없다. 이러한 현실에 기초해, 자영업자에게는 재충전급여 대신 급여 기간이 180일로 더 긴 '이직준비 자영업자 급여'를 보장해 근로자와 자영업자 사이 불균형이 커지는 것을 막는다.

자발적 이직 – 5년에 한 번은 이직준비급여

프랑스는 자발적 이직에 대해 5년에 한 번 실업급여 지급을 보장한다.[25] 몇 달 일하고 실업급여 받고 급여기간이 끝나면 또 몇 달 일하다가 실업급여 받기를 되풀이하는 것은 막아야겠으나, 일정 기간 이후 한 번 있는 자발적 이직이라면 더 나은 일자리준비를 위해 오히려 적극적으로 고용보험으로 뒷받침해야 맞다. 이직준비급여를 새로 만들 필요가 있다. 일자리 자체가 빠르게 바뀌게 될 4차 산업혁명시대에는 더욱 그러하다.

2019년 9월 현재 임금근로자 평균 근속개월이 71개월로, 정규직 임금근로자 평균 근속개월은 94개월, 비정규직 임금근로자는 29개월에 불과하다.[26] 가장 안정된 정규직 임금근로자도 평균 7년 10개월마다 한 번은 직장을 옮기는 셈이다. 30세부터 60세까지 30년 일해서 먹고 살아야 한다면 정규직도 최소 3번 이직해야 하는 시대다.

통산하여 보험료 납입기간 5년을 넘긴 근로자라면, 자발적 이직에 대해서도 한 번은 이직준비급여를 받을 수 있게 한다. 수급기간은

25) 장지연, 「보편주의가 작동하는 고용안전망 : 소득보장과 능력개발기회」, 「월간 노동리뷰」 2018년 10월호, 한국노동연구원, 96쪽
26) 통계청, 국가통계포털, 근로형태별 평균근속기간 및 근속기간별 구성비 http://kosis.kr/statHtml/statHtml.do?orgId=101&tblId=DT_1DE7079S&conn_path=I2

120일, 다음 이직준비급여를 받으려면 수급기간이 끝난 뒤부터 다시 5년 이상 보험료를 납입해야 한다. 너무 잦은 이직으로 인한 과잉 수급도 막으면서 인생 이모작, 삼모작을 준비할 수 있게 한다. 농림어업인을 제외한 자영업자는 재충전급여를 쓰기 어렵다. 따라서 이들에게는 이직준비급여기간을 180일로 늘려 적용한다.

고용보험법은 보험사업을 효과적으로 시행하기 위해 전면적인 시행에 어려움이 예상되거나 수행 방식 등을 미리 검증할 필요가 있으면 시범사업을 할 수 있게 한다. 이직준비급여나 재충전급여를 50인 미만 중소기업 노동자나 청년에게 시범실시하거나, 대표적인 영세자영업자인 음식·숙박업 자영업자에게 이직준비 자영업자급여를 시범실시하는 것도 고려할 수 있다.

청년에게는 더 많은 보장을 –
청년 이직준비급여

자발적 이직 잦은 청년층에, 수급기간 연장, 횟수 제한 없는 '청년 이직준비급여' 보장

저소득 청년일수록 이직이 잦을 수밖에 없다. 임금도 얼마 안 되고 미래를 찾기 어려운 직장이라면, 청년들은 이직 외에 다른 선택을 하기가 어렵다. 청년들에게 주어지는 일자리의 다수가 이러하다면, 청년들에게 있어 이직은 오히려 저항이다. 그러나 많은 청년들에게 별도의 준비기간을 가질 여유 없는 이직은 악순환일 뿐이다.

실제로 첫 일자리의 임금 수준이 이후 재취업 일자리 임금수준으로 이어지는 경우가 많고, 대졸자의 경우 첫 직장이 대기업, 상용직인 경우와 중소기업, 임시직인 경우의 차이가 10년 후까지도 유지되는 등 경력 초기 기업 규모와 노동 형태가 향후 일자리의 질에 지속적으로 영향을 미친다.[27]

이직을 해도 처음 들어간 낮은 일자리 수준에서 크게 벗어나기 어려운 악순환을 끊을 기회만이라도 가질 수 있게 하려면, 청년층에게

---

27) 한요섭, 「청년기 일자리 특성의 장기 효과와 청년고용대책에 대한 시사점」, 한국개발연구원, 2017, 73-93쪽

는 횟수 제한 없이 이직준비급여를 보장할 필요가 있다.

만 18세에서 만 34세까지 청년으로 구직급여 수급요건인 일정 기간(개정안에서는 120일) 동안 고용보험료를 낸 사람이라면 누구나, 노동자든 자영업자든, 총 600일의 이직준비급여를 필요에 따라 쓸 수 있다. 한 번에 모두 쓸 수도 있고, 여러 번에 나누어 쓸 수도 있다. 자신의 인생 계획에 따라, 자신의 상황에 맞게 결정하면 된다. 이 사회가, 다른 모든 일하는 사람들이 함께 고용보험을 통해 청년들에게 보장하는 기회다.

기초생활보장 – 실업부조 – 고용보험
세 기둥을 세워야

공공부조와 사회보험의 사각지대,
구직빈곤층을 위한 실업부조제도 신설

실업급여 받는 동안 구직노력을 했는데도 일자리를 얻지 못한 저소득층에게는 또 다른 안전망이 필요하다. 입사시험에 계속 떨어져서 고용보험에 가입할 수 없었던 취업준비생이 가족의 수입이나 재산도 넉넉하지 않다면 역시 지지대가 필요하다.

일자리를 얻지 못한 사람에 대한 사회보장제도로 기초생활보장과 고용보험이 있다. 기초생활보장은 수급자의 기여 없이 국가가 예산으로 하는 공공부조다. 고용보험은 피보험자의 기여에 기반해 급여를 지급하는 사회보험이다. 취업준비생처럼 두 제도의 사각지대에 놓여 어느 제도로부터도 도움을 받지 못하는 '구직빈곤층'을 위한 제도가 실업부조다.

노동할 의사와 기초적 능력이 있는 사람이라면, 그가 일자리를 구하지 못한 것은 온전히 자신만의 책임이라고 하기 어렵다. 그가 일할 수 있을 만큼 국가와 사회가 일자리를 제공하지 못한 것이고, 현재의 사회가 필요로 하는 능력을 키울 수 있도록 보장하지 못한 것이다. 국가와 사회는 그가 능력을 키우고 안정된 일자리로 진입할 수 있도록 생활보장 등의 방법을 통해 도와야 한다.

2020. 5. 20. 「구직자 취업촉진 및 생활안정지원에 관한 법률」이 제정되어 우리나라에도 드디어 실업부조가 도입되었다. 법적 근거 없이 매년 예산 편성에 따라 달라지던 취업지원사업이 법제화되어 구직빈곤층이 수당지급청구권을 갖게 된다는 점에서 큰 의미가 있다.

「구직자 취업촉진 및 생활안정지원에 관한 법률」으로 충분한가?

하지만 코로나19 경제위기가 취업준비생 등에게 큰 타격이 될 것이 명확한 터라, 보완이 필요한 사항을 짚지 않을 수 없다.

첫 번째 문제는, 실업부조가 가장 필요한 사람들은 아예 취업조차 해보지 못한 사람들로 그 상당수는 청년층, 고졸 또는 저학력자인데, 이 법은 2년 이내 취업경력 없는 자를 원칙적으로 수급대상에서 제외하고 대통령령의 기준에 적합한 사람만 예산 범위내에서 포함시키는 이른바 비권리형, 선발형[28]이라는 점이다. 취업경력 없는 청년이 구직촉진수당을 받을 수 있는지, 얼마나 받을지가 법적으로 보장되지 못하고 예산의 증감에 따라 좌우되며 선발을 거쳐야 하는 상황에 놓인 것이다. 취업경력 없는 청년의 법적 지위는 법 제정 이전의 취업성공패키지보다 진전된 것이 없다. 취업경력 없는 자의 수급권을 법적으로 인정해야 실효성있는 실업부조제도가 된다.

두 번째 문제는, 구직촉진수당 6개월 지급은 고졸 구직자에게는 너무 짧다는 것이다. 월 50만원씩이라 금액도 충분하지는 않지만, 더 큰 문제는 기간이다. 최종학교 졸업(중퇴) 후 첫 일자리가 임금근로자인 경우 첫 취업 평균 소요기간은 10.7개월로, 고졸은 1년 4개월, 대졸은 7개월이 걸린다. 고졸과 대졸 사이의 취업 소요 기간 격차는 더 커지고 있다.[29] 학력 격차가 일자리 격차로 이어지는 것을 줄이려면, 고교 졸업 직후 첫 구직자나 장기 경력단절자에게는 대졸 첫 구직자에게 보장되는 수당지급기간보다 더 긴 기간, 최소한 12개월 이상의 급여기간이 인정되어야 한다.

세 번째 문제는, 고용보험법상 구직급여를 받으면 수급기간이 끝난 뒤 6개월 동안은 실업부조를 받을 수 없다는 것이다. 적극적으로 구직활동을 하지 않을 우려가 있다는 이유일텐데, 구직이 어려운 저소득층의 생계위기를 방치하는 결과가 될 수 있다.

나아가, 급여액 인상도 필요하다. 급여액 월 50만원은 전체근로

28) 길현종, 「한국형 실업부조 제도도입 추진상황과 향후 과제」, 한국노동연구원, 『월간 노동리뷰』 2019. 11., 22쪽.
29) 통계청, 2018. 7. 18., 「2018년 5월 경제활동인구조사 청년층 부가조사 결과」, 13쪽.

자 평균임금의 17% 수준으로, 논의 과정에서 당초 정부가 내놓았던 20%[30] 기준에도 미치지 못한다. 구직빈곤층의 생계를 지원하고 청년 취업난을 해결하기 위한 실업부조제도를 만들기 위해서는, 국민취업지원제도의 급여액은 적어도 전체근로자 평균임금의 30% 수준인 월 85만원[31]은 되어야 한다.

---

[30] 2019. 3. 5. 국민취업지원제도 도입을 포함한 「고용안전망 강화를 위한 합의문(안)」을 도출한 바 있는 경제사회노동위원회 논의과정에서, 정부는 당초 실업부조 도입과 관련해 "지원금액은 근로자 평균임금의 20% 수준에서 정액급여로 하고, 수급기간은 최대 6개월로 한다."고 제시하였다. 한국노총 정책이슈 페이퍼, 2019. 2. 21., 「실업부조 도입으로 전국민 고용안전망 구축」, 8쪽.

[31] 통계청, 2019, 「2017년 임금근로 일자리별 소득(보수) 결과」, 평균임금 287만원, 중위임금 210만원 (사회보험 가입 사업장만 포함)

5

뭘 바꿔야
이렇게 될 수 있나

일부 소득 또는 선택한 보수등급 기준
➡ 전체 소득 기준

근로자: 일부 소득 기준에서 전체 소득 기준으로

현행법은 근로자가 여러 사업장에 근무해도 하나의 사업장에서만 고용보험에 가입할 수 있게 한다. 그러나 개정안에서는 중복가입을 인정하여 여러 사업장에서 각각 고용보험에 가입할 수 있게 한다.

중복가입 인정은 당연히 소득 합산으로 이어진다. 따라서 근로자가 여러 사업장에서 얻는 모든 소득을 합산하여 보험료를 산출한다. 단, 자영업자 계정이 따로 분리되어 있으므로, 근로자가 자영업을 겸업할 때는 근로자 계정에서 이를 합산하지 않고 자영업자 계정으로 별도 가입한 것으로 처리한다.

자영업자: 선택한 기준보수 기준에서 과세소득 기준으로

현행 고용보험법은 자영업자에 대해 실제 소득을 확인하지 않는다. 종전에는 근로자 소득은 투명하게 파악되는 반면 자영업자는 소득 파악이 어려웠기 때문이다. 고용노동부장관이 자영업자의 소득, 보수수준 등을 고려해 정하는 기준보수액 가운데 하나를 선택하게 하고 선택한 보수액에 대해 보험료를 부과한다. 이에 따라 급여액도 정해진다.

그러나 자영업도 카드 매출이 늘면서 소득파악률이 매우 높아져서 과세소득 기준으로 보험료와 급여액을 정해도 별다른 문제가 없다. 자영업자 가입 방식이 임의가입에서 당연가입으로, 징수기관이 건강보험공단에서 국세청으로 바뀌는 것과 함께 가면, 자영업자에 대해서도 과세소득 기준으로 고용보험료를 부과하면 된다.

농림어업인: 기준보수액 선택, 보험료 연납

다만 농림어업은 산정 기준을 일반 자영업과 달리 정할 필요가 있다. 농림어업 소득은 비과세소득인 경우가 상당수고, 농협 수매 등 공적인 자료로 파악되는 소득의 비율도 높지 않다. 농림어업인에 대해서는 고용노동부장관이 고시하는 기준보수 7등급 가운데 하나를 선택하도록 하고, 선택하지 않을 경우에는 최저등급을 선택한 것으로 본다. 농림어업인의 소득파악률 제고 방안은 고용보험법 제7조에 따라 설치된 고용보험위원회의 심의 사항 중 하나로 논의되어야 한다.

농림어업인의 소득은 연중 1회 수확기에 발생하는 경우가 많으므로, 농림어업인의 보험료 납부는 월납이 아닌 연납으로 한다.

바로 지금, 전국민 고용보험이 필요하다

특수고용노동자는 자영업자 ➡ 근로자

특수고용노동자를 근로자로 간주

특수고용은 산업구조와 경제상황의 변화에 따라 그 업종이 나날이 다양해지고 있다. 특수고용노동자의 범위를 정하기 어려웠던 이유이기도 하다. 이 때문에 특수고용노동자를 모두 근로자로 포함시킬 것이 아니라 근로자도 사업주도 아닌 제3의 존재로 규율해야 하지 않느냐는 주장도 계속 제기되어 왔다. 특수고용노동자에 대해 노동법은 원칙적으로 근로자가 아니라고 보면서, 산업재해보상보험만 13개 직종, 곧 보험모집인, 건설기계운전자, 학습지 교사, 골프장 캐디, 택배원, 퀵서비스, 대출모집인, 신용카드회원 모집인, 대리운전기사, 방문판매원, 대여 제품 방문점검원, 가전제품 설치 및 수리원, 화물차주(수출입 컨테이너, 시멘트, 철강재, 위험물질 운송)에 적용할 뿐이다.

이 개정안은 특수고용노동자의 발생과 확대 과정이 사업주의 노동자에 대한 책임회피를 위한 시도로부터 시작되고 촉진된 점, 계약 외형은 바뀌어도 실질에서는 노동의 내용과 형식이 사업주의 필요에 따라 조직적 또는 경제적 수단 등을 통해 여전히 궁극적으로 조정 통제되고 있는 점을 반영해, 특수고용노동자도 모두 근로자로 본다.

개정안은 특수고용노동자를 근로자로 보는 시각을 견지하면서, 특수고용노동자에 대한 노동법과 사회보장법의 현재의 태도로부터 출발하여 특수고용노동자들에 대한 보장을 강화할 방안을 모색한다. 이미 산재보험 가입대상으로 받아들여진 13개 직종의 특수고용노동자들은 다른 직종에 비해 근로자성이 인정될 가능성이 비교적 높은 편이므로, 개정안은 이들에 대한 보장을 흔들림없이 확고하게 한다. 한편 현행 산재보험법이 허용된 13개 직종에 포함되지 못한 직종의 특수고용노동자들을 위해, 근로자로서 보장받아야 한다는 점을 사용자에게 적극적으로 요구하고 정부기관으로부터 확인받을 수 있는 절차를 만든다.

13개 직종 사업주 신고의무 부과, 근로자자격 확인청구절차 마련

먼저, 위 13개 직종[32]에서 특수고용노동자로부터 노무를 제공받아 사업을 영위하는 자에게는 모두 사업주로서 피보험자격 취득 신고 의무를 지운다. 신고하지 않으면 500만원 과태료를 부과한다. 신고의무가 부과되는 직종은 대통령령으로 계속 확대할 수 있게 열어

[32] 산재 적용 직종이 늘어나면 고용보험법상 신고 의무 부과 직종 역시 확대되어야 한다.

둔다.

위 13개 직종 외 다른 직종의 특수고용노동자로서, 사업주가 근로자가 아니라는 이유로 사업주 부담 보험료 납부를 거부하는 경우, 고용노동부장관에게 근로자임을 확인해달라는 심사를 청구할 수 있는 절차를 마련한다. 고용노동부장관은 6개월 안에 심사결정을 내려야 한다. 사업주가 이 청구를 이유로 해고나 불이익한 처우를 하면 3년 이하의 징역 또는 3천만원 이하의 벌금으로 처벌된다.

보험료 부과 기준 : 직종별 비용 공제 소득

특수고용노동자의 소득은 사업주로부터 지급받는 보수에서 비용을 공제해야 산출된다. 정부는 특수고용노동자 중 몇 직종에 대해 고용보험 적용 입장을 밝히면서 원칙적인 소득 산출 방법을 아래와 같이 제시한 바 있다.[33] 이에 따른다.

> 「소득세법」에 따른 소득 중 비과세소득을 제외한 소득에서 직종별로 정해진 비용①을 공제한 소득으로 보험료를 부과하되, 소득 확인이 어려운 경우 고용노동부장관이 고시하는 기준보수② 적용

---

33) 고용노동부, 2018. 8. 6.자 보도자료, 「특수형태근로종사자·예술인도 실업급여를 받을 수 있게 된다」
https://www.gov.kr/portal/ntnadmNews/1556105

* ① 비용공제를 위하여 직종별로 비용공제율 고시

　② 기준보수 산정을 위한 연구용역 추진중

특칙: 피보험 단위기간 1년, 소득 감소로 인한 폐업도 실업으로 인정

　계절에 상관없이 같은 급여를 받는 것이 원칙인 일반근로자와 달리, 특수고용노동자는 자영업자처럼 수입에 계절별 편차가 있는 경우가 더 흔하다. 특수고용노동자에 대한 보험료는 소득이 생기는 데 따라 부과하면 되지만 급여액은 계절별 편차를 없앤 평균액을 지급해야 형평에 맞다. 이 때문에 특수고용노동자도 불가피하게 피보험 단위기간을 1년으로 한다.

　현행법은 자영업자에 대해서는 자발적 폐업이더라도 소득이 일정 비율 이하로 감소할 경우 피할 수 없는 사유로 실업한 것으로 인정하고 있다. 특수고용노동자에 대하여도 이 사유를 적용한다.

징수기관 국민건강보험공단
➡ 국세청

  2006년 노무현 정부는 「사회보험료 징수 등에 관한 법률」 제정안을 발의하여 4대 사회보험료 징수를 국세청으로 통합하는 계획을 발표했다. 그 후 복잡한 논의과정을 거쳐 2009년부터 건강보험공단이 통합징수를 맡았다. 고용보험 운영은 근로복지공단이 맡고, 보험료 징수 업무는 건강보험공단에 위탁하는 방식이다.

  다른 나라의 사례는 사회보험 담당기관이 징수하는 경우(프랑스, 독일, 덴마크, 스페인, 스위스, 오스트리아, 호주, 일본)도 있고, 국세청이 맡는 경우(영국, 미국, 캐나다, 핀란드, 스웨덴, 네덜란드 등)로 나누어져 있다. 그러나 국제적 경향은 국세청으로 통합하는 것이다. 스웨덴, 영국, 네덜란드는 국세청이 소득을 더 잘 파악한다는 이유에서 징수 업무를 국세청으로 이관했다. IMF도 사회보험료를 내국세와 통합해 징수하는 것을 권고했다.

  이 개정안의 핵심은 모든 일하는 사람들의 고용보험 당연가입인데, 그러려면 소득파악이 필수다. 근로자인지 자영업자인지에 관계없이 모든 국민의 소득 자료를 파악해온 국세청이 징수 업무를 맡는 것이 더 낫다. 그래야 2016년 현재 고용보험 당연가입 대상의 24%가 가입하지 않은 실질적 사각지대 문제도 풀릴 수 있다.

당연가입대상 및 급여 확대를 위한 예산지원

특수고용노동자들은 고용보험 당연가입 대상이 되면서 근로자 부담 보험료 지출이 생기는데, 보험료 부담 때문에 고용보험 당연가입을 꺼릴 수 있다. 이들이 실질적 사각지대에 계속 남는 결과를 막기 위하여, 특수고용노동자 당연가입과 관련한 예산지원을 고려할 필요가 있다. 특수고용노동자를 사용하는 영세업체의 사업주 부담 보험료에 대해서도 일부 예산지원이 필요할 수 있다. 당연가입으로 바뀌는 영세 자영업자에 대해서도 국가의 예산지원이 필요하다. 개정안에서는 기본적으로 지원 근거만 보험료징수법에 넣고, 지원 기준은 시행령으로 정하도록 위임한다. 구체적 지원 내역은 예산으로 정한다.

다만, 코로나19 사태 경제위기 상황에서, 언제 끝날지 예측하기 어려운 경제위기에 대처하려면 한시적으로라도 특별한 예산 지원이 필요하다. 이 근거를 별도로 부칙에 명시할 필요가 있다. 지금은 고용보험의 제도적·실질적 사각지대를 빨리 없애 일하는 모든 사람이 고용보험 안으로 들어오게 하는 것이 중요하다. 또 가입 즉시 실업급여를 받을 수 있게 해야 한다. 고용보험 가입 후 180일 동안 보험료를 납입해야하는 요건을 그대로 요구하면, 가입의 실효성도 떨어지고 가입률이 오르기도 어렵다.

따라서 법 시행 후 6개월 동안 신규 가입하는 저소득 특수고용노동자, 영세 자영업자, 농림어업인에 대하여는 피보험 단위기간 요건이 충족된 것으로 간주하는 조치가 필요하다. 이를 위해 국가의 예산지원이 있어야 한다. 나아가 국가가 신규 가입한 위 피보험자들에게 가입 후 6개월 동안 보험료의 전부 또는 일부를 지원한다면 계속 고용보험 틀 안에 남을 유인이 될 수 있다.

보험료징수법 부칙으로, 이 법 시행일 이후 6개월 동안 신규 가입하는 저소득 특수고용노동자, 특수고용노동자를 고용한 영세 사업주, 피보험자로 가입한 영세 자영업자, 농림어업인에 대해 각 피보험 단위기간 요건을 충족하는 기간의 고용보험료 및 가입 이후 6개월 간의 고용보험료를 지원하여, 이 법 개정에 따른 고용보험이 코로나 사태 이후 사회안전망 확충의 즉각적 대책이 될 수 있게끔 한다.

실업급여 계정만 놓고 보면 2017년 고용보험료 수입은 연간 7조원을 조금 넘는다. 당연가입 대상을 모든 취업자(군인, 공무원 등 특수직역 제외)로 늘릴 경우 2017년 통합소득(근로소득과 사업소득의 합계, 단 중복 제외) 기준으로 연간 4조원 가량 보험료 수입 증가가 예상된다. 따라서 고용보험기금 내에서 급여 확대 여력이 전혀 없는 것은 아니지만, 코로나19 사태 이후 실업급여 지급액이 늘어날 것, 급여요건 완화와 급여 신설로 인한 급여액 확대를 고려하면, 저소득층 근로자나 영세 자영업자에 대한 국가나 지방자치단체의 고용보험료

지원외에도 고용보험기금에 대한 국가예산투입도 검토해야 한다.

이미 건강보험기금과 장기요양보험기금에 국가가 기금재정의 20% 수준의 예산을 투입하도록 법규정이 마련되어 있고, 고용보험 기금에 대해서도 육아휴직급여·출산전후휴가급여·육아기 근로시간 단축휴가급여 등 모성보호급여 관련 국가의 예산지원을 30%까지 늘려야한다는 안이 20대 국회에서 환경노동위원회를 통과한 바도 있었다. 고용안정에 대한 국가책임을 높인다는 차원에서, 또 사회보험의 운용기반을 가입자들의 기여에서 사회 전체의 연대로 점차 옮겨간다는 차원에서도, 고용보험기금에 대한 국가예산투입을 적극적으로 늘릴 필요가 있다.

6

한 발 더 나아가려면?

고용보험위원회 역할 강화와
위원 변화

고용보험법 제7조에 따라 설치된 고용보험위원회는 고용보험제도의 운영 전반을 심의하는 기구로서, 고용보험의 개선방안을 논의할 책임을 진다. 개선 방안에 무급가족종사자 등 당연가입대상 확대, 농림어업인 등에 대한 소득파악률 제고, 형평성 증진 방안 등이 함께 포함되어야 한다. 고용보험위원회에 사업주에게 신고의무가 부과되는 특수고용노동자의 업종 결정 심의 권한을 추가로 부여하여, 신고의무 부과업종 확대가 필수 심의 사항이 되게 한다.

20명 이내의 위원으로 구성하도록 되어 있는 고용보험위원회는 현재 위원이 17명으로 그 중 노동계는 4명이다. 피보험자를 대변할 위원 비중을 좀 더 높일 필요는 없는지 검토가 있어야 한다. 우선, 고용계약을 체결한 근로자 뿐만 아니라 특수고용노동자를 고용보험위원으로 선임하여 고용보험위원회에서 신고의무 부과업종 확대의견이 개진될 수 있게 하는 것도 필요하다.

'기여에서 연대로' –
보험료에서 조세로

우리나라 GDP 대비 사회지출 비중은 2015년 기준 10.1%로, OECD 34개국 평균 21%에 비해 현저히 낮다. 더욱이 이 사회지출은 대부분 사회보험으로[34], 기여금을 내고 이에 비례해 급여를 받는 형태다. 그런데 이 구조로는 일자리가 불안정한 사람들은 보호 필요성이 큰데 기여금 자체가 적거나 낼 수 없는 상황이어서 사회보험급여를 받기 어렵거나 최저액 수준의 급여로 견뎌야 하는 문제가 생긴다.

이 문제를 풀기 위해 기여금이 아니라 조세 중심 복지제도로 옮겨가자는 논의가 제기된다.[35] 프랑스가 의료보험과 고용보험에 대한 근로자 부담금과 자영업자 부담금을 전액 감면하고, 재원을 근로소득, 이자소득, 배당소득, 연금 등 모든 국민의 모든 소득에서 걷는 '일반사회보장기여금'으로 충당하기로 바꾼 것[36]도 이런 맥락이다. 우리나라도 근본적 개혁을 시도할 필요가 있다. 사회보험 전반에 '기여에서 연대로' 원칙을 적용해나가는 것이 바람직하지만, 고용보험에서부터 시도해볼 수도 있다. 모든 국민의 소득에 폭넓게 과세하여 고용보험 재원으로 삼고 모든 일하는 사람들에게 형평성을 개선한 급여를 지급하는 것이다.

다만 현행 고용보험의 포괄범위가 취업자의 절반에도 미치지 못하는 이유 가운데는, 급여를 받을 가능성이 적다는 점도 있다. 제도의 유용성을 느끼지 못하니 적극 가입하려 하지 않는 것이다. 적용범위 확대와 급여가능성 증대, 급여항목 신설 등을 함께 추진해 고용보험 필요성과 유용성에 대한 사회적 합의를 높여야 한다. 그래야 보험료 납입 방식에서 세금 납부 방식으로 바꾸는 논의와 실행 모두 원활할 것이다.

34) 장지연, 「보편주의가 작동하는 고용안전망 : 소득보장과 능력개발기회」, 『월간 노동리뷰』 2018년 10월호, 한국노동연구원, 88쪽.
35) 최영준 외, 「프랑스 복지국가의 개편 노력과 일반사회보장기여금」, 『국제사회보장리뷰』 2018 가을호, 한국보건사회연구원, 65쪽.
36) 프랑스는 2016년 기준으로 OECD 국가 가운데 복지 지출 수준 1위로, OECD 평균보다 10% 높은 국내총생산(GDP) 대비 31.5%를 복지에 지출하는 나라인데, 종래 기여 방식의 복지체계를 가지고 있었다가, 1991년 '일반사회보장부담금'을 신설하여 그 세율을 높여가면서 계속하여 복지 재원 조달방식을 보험료에서 조세로 바꿔갔다. 2017년 현재에는 의료보험과 고용보험에 대한 근로자 부담분과 자영업자 부담분이 모두 삭감되어, 사업자 부담분만 남았다. 근로자와 자영업자는 보험료를 내지 않고, 자신의 근로소득에 대해 일반사회보장부담금만을 낸다. 근로소득에 대한 세율은 고소득층의 이자소득 등에 비해서는 낮게 책정되어 있다. 이 조치로 고소득 봉급생활자는 추가 부담이 커지는 반면, 최저임금 수준의 봉급생활자는 한 달에 21.9유로를 덜 지출하는 결과가 될 것으로 추산되었다. 최영준 외, 위의 글, 62쪽 ; 노대명, 「프랑스 사회보장제도의 최근 개편 동향마크롱 정부의 대선 공약을 중심으로」, 『국제사회보장리뷰』 2017 여름 창간호, 한국보건사회연구원, 51-55쪽.

「고용보험법」을 「노동보험법」으로!

고용보험 없이 경제적 위기에 노출된 일하는 사람이 전체 취업자의 절반을 넘고, 이들이 제도적 실질적 사각지대에 놓인 셈이니, 고용보험 제도를 바꿀 때 첫 번째로 해야 할 조치는 적용 확대다. 가사서비스나 자가소비 생산활동 등 고용보험 적용이 적당하지 않은 특별한 경우가 아니면 모든 일하는 사람들이 고용보험에 당연 가입하도록 법을 바꾸는 것이 가장 중요하고 시급하다.

'고용된 노동자' 뿐만 아니라 모든 일하는 사람들을 보호해야 한다는 면에서 보면, 「고용보험법」이라는 법 제목은 고용계약을 맺은 근로자를 대상으로 한 것으로 비치는 면이 있다. 아예 법 제목 자체를 「노동보험법」으로 바꿔, 노동의 형태에 관계없이 일하는 사람들을 모두 포괄하는 법으로 자리잡게 하는 것이 더 바람직하다.

소득대체율 높여야

구직급여 지급기간이 2년인 덴마크 등 사례에 비추어보면, 현행 고용보험법상 소정급여일수는 너무 짧다. 2005년 기준, OECD 주요 나라의 실업급여와 실업부조제도를 비교한 결과, 5년 평균 순소득대체율이 덴마크는 72%, 독일은 41%, 스페인도 39%인데, 우리나라는 6%였다.[37] 소정급여일수 자체를 늘리고 급여액을 올려 전체적으로 소득대체율을 높여야 한다.

> 순소득대체율 : 실업전 순소득 (총소득에서 세금 등을 공제한 가처분소득) 대비 순실업급여 (실업급여에서 세금 등을 공제한 가처분소득)의 비율

2019. 8. 개정으로 실업급여 지급기간이 30일 늘고 급여액도 기초일액의 50%에서 60%로 올랐지만, 이것으로 충분치 않은 것은 물론이다.

하지만 재원 확충에 어려움이 있다는 점을 감안하여 기금 사용의 우선순위를 따진다면, 급여액을 올리거나 급여기간을 늘리는 것보다, 제도 자체에서 배제된 사람들을 수급대상에 포함시키고, 합리적 근거가 부족한 제도 내부의 차별인 연령별 차등을 없애는 것이 먼저

---

37) 채구묵, 「OECD 주요국 실업급여제도의 유형별 비교」, 『한국사회학』 제45집 제1호(2011년), 한국 사회학회, 6-7쪽

다. 고용보험 적용대상을 모든 일하는 사람들에게로 확대하는 것을 중심으로 하는 이번 개정안에서는, 소정급여일수 연장과 급여액 인상보다 먼저 연령별 차등을 없애는 데 집중한다.

바로 지금, 전국민 고용보험이 필요하다

7

이것도 빼놓지 말자

사업별 예외 조항 삭제

고용보험법은 건설산업기본법에 따른 건설업자 등이 아닌 자가 행하는 소규모 건설공사 등을 적용 대상에서 제외하고 있다. 그러나 모든 일하는 사람에게 고용보험을 확대한다는 취지에서 보면, 예외를 없애는 것을 원칙으로 해야 한다.

다만 가구내 고용활동 및 달리 분류되지 아니한 자가소비 생산활동은 현행대로 제외한다. 가사서비스 노동자에 대해서는 정부가 2017. 12. 28. 「가사근로자의 고용개선 등에 관한 법률안」[38]을 발의한 바 있는데, 이 법률 제정으로 해결하는 것이 적절하다. 자가소비 생산활동에 대해서는 고용보험으로 보호할 필요가 제기되지 않는다.

---

38) 발의안 내용은, 가사근로자를 유급으로 고용하여 가사서비스를 제공하고 가사서비스 제공과정에서 발생할 수 있는 손해에 대한 배상 수단 등을 갖추고 있는 법인을 가사서비스 제공기관으로 인증하여, 가사서비스 제공기관이 가사서비스를 이용하려는 자와 이용계약을 체결할 때 근로기준법과 이 법에 정한 근로조건 등에 반하는 내용이 포함되지 아니하도록 하여 가사근로자를 보호하려는 것이다. 이 법률이 제정된다면 가사근로자는 가사서비스 제공기관에 고용된 노동자로서 제공기관이 사업주로서 고용보험법상 책임도 부담하게 될 것이므로, 현재 가정 내 고용에서 빚어지는 문제들이 상당히 해소될 수 있을 것으로 보인다.

연령에 따른 소정급여일수 차별 시정

현행 고용보험법으로는, 50세 미만이면 실업급여 받는 기간이 50세 이상보다 짧다.

표5 : 현행법상 구직급여 받는 기간

구분		피보험기간				
		1년 미만	1년 이상 3년 미만	3년 이상 5년 미만	5년 이상 10년 미만	10년 이상
이직일 현재 연령	50세 미만	120일	150일	180일	210일	240일
	50세 이상	120일	180일	210일	240일	270일

하지만 50세 미만이라고 해서 50세 이상보다 일자리를 구하기 쉬운 것은 아니다. 2014년 워크넷(고용노동부 고용안정정보망) 구직등록자들이 등록일부터 구직시까지 걸린 시간을 연령대별로 조사한 결과, 20대 111.7일, 30대 107.5일, 40대 109.9일, 50대 110.8일로, 연령대별 차이가 크지 않았다.

오히려 20대가 40~50대보다 구직에 걸린 시간이 길었다.[39] 나이

---

39) 박세정, 「청년층 희망일자리-취업 일자리 일치 및 고용유지 현황분석 - 워크넷 이용 구직자를 중심으로」, 『고용동향브리프』 2017년 1월호, 한국고용정보원, 4쪽

가 얼마든 지금의 50세 이상과 같은 기간 동안 급여를 받도록 소정급여일수를 조정해 연령차별을 없애야 한다.

기준기간 연장, 피보험 단위기간 단축

일반 근로자, 36개월 동안 120일 보험료 납입으로 요건 완화

현행 고용보험법상 구직급여는 이직 전 18개월 동안(기준기간) 180일 보험료를 내야(피보험 단위기간) 받을 수 있다.

> 고용보험법 제40조 제2항. 일반적인 경우 기준기간은 이직일 이전 18개월로, 그 사이에 질병이나 부상 등으로 보수를 받을 수 없었던 기간이 30일 이상이면 그만큼 3년 한도 내에서 연장된다.

> 고용보험법 제41조. 보수 지급의 기초가 된 날, 즉 근무한 날짜를 합산해 피보험 단위기간으로 계산한다.

기준기간이 길수록, 피보험 단위기간이 짧을수록 더 많은 사람들이 구직급여를 받을 수 있게 된다. 기준기간은 이직 전 36개월로 늘리고, 피보험 단위기간은 120일로 줄여 구직급여 받을 수 있는 사람들을 늘린다.

자영업은 기준기간만 연장

자영업은 영업의 종류에 따라 계절별 편차가 있는 경우가 많아 이

를 반영해야하므로, 피보험 단위기간은 지금과 같이 1년으로 두고,

기준기간만 현
재 24개월에서
48개월로 늘려
급여대상을 넓
힌다.

> 자영업자는 근로자와 달리 언제 일하고 쉬었는지 확인
> 하기 어려우므로, 보험에 가입되어 있는 기간을 바로
> 피보험 단위기간으로 본다.

초단시간 노동자에 대한 비례적 보장

근로기준법 제18조 제1항 "단시간근로자의 근로조건은 그 사업장의 같은 종류의 업무에 종사하는 통상 근로자의 근로시간을 기준으로 산정한 비율에 따라 결정되어야 한다." 규정의 취지는 단시간 노동자에 대한 사회보장제도 전반에도 적용되어야 한다. 고용보험법상 초단시간 노동자에 대한 급여지급요건도 이 취지에 따라야 한다.

2019. 8. 27. 개정된 고용보험법은 초단시간 근로자로서 일주일에 2일 이하 일하는 사람의 구직급여 수급 기준기간을 이직일 이전 18개월에서 24개월로 연장했다. 하지만 이것으로 비례적 보장이 이루어졌다고 보기는 부족하다. 초단시간 근로자를 포함한 모든 근로자에게 일정 재직기간을 채우면 구직급여를 받을 수 있게 해야 한다. 보험급여 받을 자격은 똑같이 갖되, 주 40시간보다 근로시간에 비례해 급여를 적게 받으면 된다.

이 개정안에서는 피보험 단위기간을 현행 180일에서 120일로 단축하는데, 주 5일 근로자가 120일을 채우려면 24주 재직해야 한다. 주 4일 이하 근로자도 주중 근로일수에 관계 없이 24주 재직하면 급여를 받을 수 있도록 피보험 단위기간을 정하면 된다.

Q&A

전국민 고용보험제,
궁금합니다

Q1. 학습지 교사입니다. 이번 코로나 위기로 회원과 수업이 절반 이상 줄었습니다. 카드로 돌려막기 하면서 버티고 있는데, 실업급여처럼 지원받을 수 있는 방법이 없을까요?

수업이 절반 이상 줄어든 학습지 교사, 몇 달째 수입이 없는 방과후 강사 등 특수고용노동자는 코로나 위기로 생계유지가 어려워졌지만, 대책이 없습니다. 고용보험 사각지대에 있기 때문입니다. 정부와 지방자치단체가 특수고용노동자나 프리랜서를 대상으로 긴급 고용안정지원금도 지급하지만, 소득 요건 등에 맞지 않아 못 받는 분들도 있고, 액수도 생계유지에 부족합니다. 고용보험에 특수고용노동자를 포함해야 한다는 논의는 오래됐지만, 2020년 5월 고용보험법 개정시 논의가 더 필요하다는 이유로 제외됐습니다. 안타까운 일입니다.

이번 코로나 위기는 우리 사회 고용안전망의 부실함을 적나라하게 보여주었습니다. 2020년 3월 지난해 같은 달 대비 취업자는 19만 명 가량 줄었는데, 실업급여를 신청한 사람은 3만 명 느는데 그쳤습니다. 나머지 16만 명은 실업해도 고용보험으로 보호받을 수 없다는 것이죠. 긴급재난지원금이 도움이 되기는 하지만 일회성이고 지급액도 예산편성에 따라 달라질 수밖에 없으니, 안정적인 대책이 되기는 어렵습니다. 일하는 사람이라면 누구든 실업 위기로부터 보호할 수 있는 튼튼한 고용안전망, 전국민 고용보험이 필요합니다.

Q2. 저는 주중에는 배달라이더로 일하고 주말에는 호프집에서 일했는데 얼마 전 호프집에서 잘려서 수입이 1/3 쯤 줄었습니다. 고용보험은 배달라이더로 가입되어있는데, 실업급여 받을 길은 없나요?

현재 고용보험은 한 직장에 다니는 정규직 노동자를 중심으로 설계되어 있습니다. 주중과 주말에 두 곳에서 일하는 노동자라도 한 곳에서만 고용보험 가입이 가능하고, 가입되어 있지 않은 곳에서는 실업해도 실업급여를 받을 수 없습니다. 지금으로서는 배달라이더로 고용보험에 가입되어 있다면 호프집에서 일자리를 잃은 것은 고용보험에서 보호받을 수 없는 것이죠.

바로 이 때문에 전국민 고용보험이 필요합니다. 투잡 등 모든 실업과 소득감소의 위험으로부터 가입자를 보호하자는 제도가 전국민 고용보험입니다. 전국민 고용보험은 투잡이든 쓰리잡이든 어디서 일해서 얼마를 벌던 간에 자신의 전체 소득을 통틀어서 보험료를 납부하도록 합니다. 한 군데서 실업해도 그로 인해 줄어든 소득만큼 부분실업급여를 받을 수 있습니다. 모든 국민의 소득을 파악하는 국세청이 고용보험료 징수를 담당하게 되면 가능합니다.

바로 지금, 전국민 고용보험이 필요하다

Q3. 여러 업체와 위탁계약을 맺고 일하는 퀵서비스 기사입니다. 전국민 고용보험제가 되면, 사업주 부담 보험료는 어느 업체에서 납부하나요?

전국민 고용보험은 특수고용노동자 모두 근로자로 간주해 고용보험에 가입하고 사업주에게 보험료 부담책임을 부과합니다. 계약의 형식이 어떻든 타인으로부터 노무를 제공받아 자신의 사업을 영위하고 대가를 지급하는 사람이 고용보험법상 사업주입니다.

여러 업체와 계약하고 일한다면 각 업체가 노무제공의 대가로 지급한 금액에 비례해 사업주 부담 보험료를 납부하면 됩니다. ○○퀵서비스에서 80만 원, △△퀵에서 100만 원을 벌었다면, 각 수입의 1.6%에 해당하는 실업급여 보험료를 퀵서비스 기사와 사업주(퀵서비스 업체)가 절반씩 내면 됩니다. 보험료는 실제 소득을 기준으로 합니다. 기름값과 같이 업무상 사용한 비용은 보수에서 제외하고 소득을 산출합니다.

Q4. 고용보험에 가입하려면 사업주가 신고해야 하는 것으로 알고 있습니다. 특수고용노동자도 고용보험 적용한다고 하는데, 만약 사업주가 가입을 안 시켜주면 어떻게 하나요?

사업주가 책임을 회피할 수 없도록 절차도 잘 마련해야 합니다. 2020. 7. 1. 기준으로 산재보험에 가입할 수 있는 13개 직종 특수고용노동자 사업주에게는 피보험자격 취득 신고의무를 부과합니다. 위반 시 500만 원의 과태료를 부과합니다. 신고의무가 부과되는 업종은 지속적으로 확대할 수 있도록 합니다.

스스로 구제할 수 있는 절차도 마련합니다. 신고의무가 없는 업종에서 일하는 경우 사업주가 고용보험료 납부를 거부할 수 있습니다. 이런 경우에 고용노동부 장관에게 직접 근로자임을 확인해달라고 할 수 있는 심사청구 절차를 이용할 수 있도록 합니다. 고용노동부 장관은 6개월 안에 결정을 내려야 하고, 사업주가 노동자의 심사청구를 이유로 해고나 불이익 처우를 하면 형사처벌됩니다.

산업구조가 빠르게 변하면서 특수고용 업종도 다양해지는 상황입니다. 특수고용노동자가 근로자 지위를 확인하기 위해 법적 쟁송을 시작하면 최소한 3~4년의 긴 시간과 비용이 들 수밖에 없습니다. 전 국민 고용보험을 실현하기 위해서 특수고용노동자 모두를 근로자로 간주해 가입할 수 있도록 하고, 다툼이 있을 경우 간편하고 빠른 절차를 만들어 보호해야 합니다.

바로 지금, 전국민 고용보험이 필요하다

Q5. 저는 편의점을 운영하고 있습니다. 전국민 고용보험이 도입되면 알바생 보험료도 내줘야 하고 제 보험료도 내야 하는데, 사실 부담이 만만치는 않아요. 임의가입 형태로 두고 보험료를 지원해주는 방법 말고 꼭 당연가입으로 바꿔야 할까요?

자영업자는 현재 임의가입이라 고용보험 가입률이 극히 저조합니다. 임의가입으로 두면 가입률을 높이기가 어렵습니다. 일례로 산재보험에서 특고노동자를 임의가입대상으로 하고 있는데, 가입비율은 13% 뿐입니다. 자영업자에게도 빠짐없이 고용안전망을 제공한다는 취지에 비춰본다면 당연가입으로 해야 합니다. OECD도 이를 권고하고 있습니다. 당연가입을 원칙으로 하되, 여기서 발생하는 문제를 해결하는 방식으로 접근해야 합니다. 지금도 정부와 일부 지자체에서는 자영업자의 고용보험료를 지원하고 있습니다. 이를 확대해야 합니다.

편의점과 같은 프랜차이즈는 다른 접근이 필요합니다. 프랜차이즈 가맹점주는 명목상 독립적인 사업자지만 실제로는 본사(가맹본부)의 지시에 따라 영업해야 하니, 가맹본부가 가맹점주와 가맹점 알바에 대한 사실상의 사용자 격이라고 할 수 있습니다. 가맹본부가 가맹점주와 알바의 보험료도 함께 부담해야 합니다.

Q6. 남편하고 같이 작은 식당을 운영하고 있습니다. 사업자 등록은 남편 명의로 되어 있고 제가 월급을 따로 받는 상황도 아닌데 전국민 고용보험제가 도입되면 고용보험에 가입할 수 있나요?

부부가 같이 자영업을 하면, 아내가 무급가족종사자로 일하는 경우가 많습니다. 잠깐 돕는 수준을 넘어 하루 평균 노동시간이 8시간에 가까울 정도로 실질적 역할을 합니다. 하지만 사업자등록이나 급여이체 등 서류상 남는 기록이 없어 현행법으로는 고용보험에 가입할 방법이 없습니다. 전국민 고용보험제에서는 무급가족종사자는 원할 경우 가입 할 수 있도록 임의가입부터 시작합니다.

전체 소득은 무급가족종사자가 함께 얻은 소득이라고 보고, 절반씩의 소득액에 비례해 보험료를 부과하는 것을 원칙으로 둡니다. 한쪽의 기여가 더 크다면 합의에 따라서 30~70% 사이에서 배분비율을 신고할 수 있습니다. 폐업할 경우 받는 실업급여나 소득지원급여도 마찬가지로 정해집니다. 자영업자의 경우 소득기준으로 보험료를 정하기 때문에 배우자가 고용보험에 가입한다고 해서 전체 보험료가 늘어나는 것은 아닙니다.

'보이지 않는 노동'으로 간주되었던 무급가족종사자의 법적 지위를 확보할 수 있다는 점. 그리고 기혼여성인 무급가족 종사자가 고용보험에 가입할 경우 출산전후휴가급여와 육아휴직급여를 받을 수 있다는 점에서 도움이 될 수 있습니다.

Q7. 67세 요양보호사로 일하고 있습니다. 구청에서 운영하는 일자리센터에 갔더니 유망직종으로 소개받아서 일하게 되었는데, 실업급여 받을 수 있나요?

생계를 위해 일하는 65세 이상 취업자가 꾸준히 늘어나고 있습니다. 65세 이상 인구 중 3분의 1 이상이 일을 하고 있습니다. 하지만 65세 이상 취업자는 신규채용 되거나 개업할 경우 실업급여를 받을 수 없습니다.

2017년 정부가 추진하는 중장년취업성공패키지 사업의 신청가능 연령이 65세에서 69세로 상향조정 되었습니다. 최근 노인 경제활동 참가율이 높아지고 있는 상황을 반영해 15세부터 64세까지로 규정된 생산가능인구 기준을 15세부터 69세로 변경하자는 논의가 이루어지는 만큼, 실업급여 적용제외 기준 연령을 65세에서 70세로 상향조정할 필요가 있습니다(농림어업의 경우 75세).

Q8. 정부에서 전국민 고용보험을 실현하기 위해 단계적 확대를 이야기하는데, 꼭 전면적용이 필요한가요?

현재 고용보험은 '근로자'만 당연가입대상으로 하기 때문에 '고용계약'을 체결했는지가 보험가입의 중요한 기준이 됩니다. 그런데 최근 새롭게 생기는 직종과 직업은 '고용계약'을 기준으로 보기 어려운 경우도 많습니다. 배민커넥터와 같은 플랫폼 노동자도 여러 가지 예시 중 하나입니다. 중요한 점은 기존의 고용관계를 기준으로 보기 어려운 직업이 앞으로도 더 많이 생길 것이라는 사실입니다. 생각하지 못했던 직업과 고용형태가 늘어나는 속도도 빠를 것으로 예상됩니다.

그렇기 때문에, 고용보험에 가입할 수 있는 직종을 단계적으로 검토하고 늘려가는 방식으로는 전국민 고용보험을 실현하기 어렵습니다. 고용보험의 가입대상을 매년 확대해나가더라도 사각지대를 없애기엔 부족합니다. 직종이나 고용형태를 지금의 기준으로 따지기보다, 일하는 모든 사람이 고용보험에 가입해 실업이나 소득감소의 위험에 대비할 수 있도록 해야 합니다.

Q9. 전국민 고용보험이 기존의 고용보험과 달라진 점은 무엇인가요?

우선, 일하는 모든 사람을 고용보험에 가입할 수 있도록 했습니다. 특수고용노동자나 자영업자뿐 아니라 기혼 여성이 대부분인 무급가족종사자의 현실과 어려움에 주목하고 출산·육아휴직 급여를 적용받을 수 있도록 했습니다. 그간 고용보험에서 제외된 영세 농민과 65세 이상 취업자의 현실을 반영했습니다.

기존의 실업급여뿐 아니라 이직준비급여, 재충전급여를 도입했습니다. 4차 산업혁명 등 빠르게 변화하는 산업 환경에서 고학력 고소득 노동자들은 더 많은 기회를 가질 수 있습니다. 하지만, 저학력 저소득 노동자들은 기술을 배울 기회가 없으면 잦은 실업과 소득감소 위기에 처할 수 있습니다. 고용안전망을 통해 직업능력을 키우고 이직 기회를 보장해야, 일하는 사람들 간의 불평등 격차를 줄일 수 있습니다.

코로나 위기와 같이 재난 시기에 고용안전망 역할을 충분히 할 수 있도록 소득지원급여도 신설했습니다. 폐업이나 실업을 하지 않더라도 천재지변, 전염병 발생으로 인한 급격한 소득감소가 발생하면 최소한의 소득을 보장할 수 있도록 했습니다.

Q10. 최근 청년수당이나 청년구직활동지원금처럼 청년을 위한 정책이 있는데, 청년이직준비급여는 무엇이 다를까요?

역대 정부 모두 청년 일자리 문제 해결을 최우선 과제로 두겠다고 했지만 청년실업 문제는 해결될 기미가 보이지 않습니다. 졸업 후 2년 이내의 청년이 신청해 월별로 구직활동을 증명하면 50만원 씩 6개월을 지급하는 '청년구직활동지원금'이나, 중소기업에 취업했을 경우 고용주와 정부 그리고 청년당사자가 매월 저축해 목돈을 마련하는 '청년내일채움공제'등 청년정책은 정책수혜자가 적거나, 장기 근속으로 이어지는 사례가 많지 않아 실효성이 없다는 지적이 많습니다.

원하는 곳에 취업하기 위해 졸업 후 오랫동안 취업을 준비하는 사례도 있지만, 첫 직장 경험 이후 이직을 하는 경우도 많습니다. 취업 준비하는 데 드는 시간과 비용을 감당하기 어려워 우선 취직을 했지만, 월세를 내거나 대출이자 갚기도 빠듯한 임금에 미래가 보장되기 어렵다면 이직을 선택할 수밖에 없습니다. 그런데 이직을 준비할 시간이나 경제적 여유가 없다면 청년들은 악순환을 벗어날 방법이 없습니다. 가족들의 도움을 받아 취직이나 이직을 준비하는 청년과 그렇지 못한 청년들의 격차가 벌어지게 됩니다.

청년이직준비급여는 18세부터 34세의 청년들에게 횟수제한 없이 사용할 수 있도록 600일의 이직준비급여를 보장합니다. 3개월씩 여러 번 나누어 사용하든 1년을 꾸준히 준비하든 자신의 진로와 계획에 맞게 취직이나 이직을 준비할 수 있습니다. 최소한의 기회가 주어진다면 어쩔 수 없이 우선 취직했다가 다시 그만두는 경우도 줄어들 수 있습니다. 집안 형편에 따른 청년들의 격차도 좁힐 수 있습니다.

Q11. 예술인입니다. 고용보험에 가입할 수 있게 되었다는 소식을 들었습니다. 이번 코로나 위기로 생계가 막막했는데, 신청하면 바로 실업급여를 받을 수 있는 건가요?

2020년 5월 고용보험법이 바뀌면서 예술인도 당연가입 대상자가 되었습니다. 다행스러운 일입니다. 하지만 법이 시행된다고 해도 코로나위기로 수입이 없어진 예술인들이 곧바로 실업급여를 받을 수 있는 것은 아닙니다. 예술인이 실업급여를 받으려면 9개월 이상 보험료를 납부해야 합니다. 이러한 수급요건에 대해, 별도 조치가 없다면 예술인들이 지금 고용보험에 가입하더라도 최소 9개월이 지나야 실업급여를 받을 수 있습니다.

지금과 같은 재난시기에 고용보험 가입 후 일정기간 보험료를 납입해야 하는 요건을 그대로 둔다면 당장 실업급여 받을 수 있는 사람이 별로 없습니다. 긴급한 경제 위기에는 특례가 필요합니다. 법 시행 후 6개월 내에 신규 가입하는 저소득 특수고용노동자, 영세자영업자, 농림어업인에게는 실업급여 받는 데 필요한 요건을 다 채운 것으로 봅니다. 필요한 돈은 국가가 지원합니다. 그래야 코로나발 고용위기로부터 바로 보호받을 수 있습니다.

「고용보험법」 개정안

제안이유

현행 「고용보험법」은 제도적·실질적 사각지대가 광범위하게 존재함. 영세업체 노동자들은 가입되지 않은 경우가 많고, 재난이나 경제위기에 일자리 불안과 수입 감소로 큰 타격을 받는 특수고용노동자는 고용보험 가입대상에서 제외되어 있으며, 중소영세 자영업자 가입률도 매우 낮음. 경제위기 대처를 위해, 고용보험 사각지대를 없애기 위한 개정이 시급히 요구됨. 모든 일하는 사람을 포괄하는 "전국민 고용보험"이 필요함.

현행 고용보험법은 근로자만을 당연가입 대상으로 하면서 자영업자에 대해서는 임의가입을 허용하는 특례를 두어 규율함. 그러나 자영업자도 당연가입 대상으로 하여 모든 취업자를 실업과 소득감소의 위험으로부터 보호해야 함.

비자발적 이직만 보호하는 현 제도로는 오래 보험료를 납부해도 구직급여를 받을 가능성이 낮고, 이직이 잦은 청년들은 수급요건도 충족하지 못하는 경우도 다수임. 일하는 사람들을 직장 상실과 소득 감소의 위험으로부터 보호하고 청년들에게 새로운 기회를 보장하는 고용보험의 기능을 활성화하기 위해, 급여형태를 다양화하고 급여지 급요건을 완화하는 개선이 필요함.

주요 내용

가. 근로자와 자영업자를 당연가입 대상으로 하고, 특수고용노동자, 초단시간 노동자, 농림어업인도 포함함. 예술인도 근로자 또는 자영업자로 당연가입됨. 무급가족종사자인 배우자는 임의가입할 수 있게 함.

나. 사각 지대를 줄이기 위해 법 시행후 6개월 내에 신규 가입하는 저소득자에 대해서는 즉시 급여를 받을 수 있게 피보험단위기간을 충족한 것으로 보고, 국가가 해당 기간의 보험료와 가입 후 6개월 동안의 보험료를 지원함.

다. 더 많은 사람이 구직급여를 받을 수 있도록 피보험 단위기간 단축 등 지급요건을 완화하고, 투잡이 많은 현실을 반영해 '부분실업급여'를 도입하며, 재난으로 줄어든 소득을 보전하는 '소득지원급여'를 신설하고, 자발적 이직에도 5년에 한번은 '이직준비급여'를 받을 수 있게 함.

라. 청년에게는 횟수 제한 없이 필요에 따라 600일 동안 받는 '청년

이직준비급여'로 새로운 기회를 보장함. 계속가입자에게 7년마다 90일씩, 평균임금 90% 수준의 '재충전급여'를 지급해, 사업주 추가 부담 없는 재충전기회를 제공하여 변화하는 노동시장에 적응할 수 있는 가능성을 제공함.

신·구 조문 대비표

법률 제16557호(2020. 8. 28. 시행)	개정안
제1조(목적) 이 법은 고용보험의 시행을 통하여 실업의 예방, 고용의 촉진 및 근로자의 직업능력의 개발과 향상을 꾀하고, 국가의 직업지도와 직업소개 기능을 강화하며, 근로자가 실업한 경우에 생활에 필요한 급여를 실시하여 근로자의 생활안정과 구직 활동을 촉진함으로써 경제·사회 발전에 이바지하는 것을 목적으로 한다.	제1조(목적) ── 노동보험의 ── ── 취업자가 ── ── 취업자의 ──
제2조(정의) 이 법에서 사용하는 용어의 뜻은 다음과 같다. 1. "피보험자"란 다음 각 목에 해당하는 자를 말한다. 가. 「고용보험 및 산업재해보상보험의 보험료징수 등에 관한 법률」(이하 "보험료징수법"이라 한다) 제5조제1항·제2항, 제6조제1항, 제8조제1항·제2항에 따라 보험에 가입되거나 가입된 것으로 보는 근로자 〈신설〉 〈신설〉	제2조(정의) 1. 가. ── ── 근로자(이하 "근로자인 피보험자"라 한다) 다. 자영업자인 피보험자와 민법 제779조의 가족 관계에 있는 자 중 급여를 받지 않고 해당 사업에 종사하는 무급가족종사자로서 보험료징수법 제49조의3에 따라 고용보험에 가입한 배우자(이하 "무급가족종사자인 피보험자"라 한다) 7. "특수고용노동자"란 고용계약 외 다른 형식의 계약으로 대가를 목적으로 타인의 사업을 위하여 노무를 제공하는 자를 말한다. 보험관계의 신고와 보수액 산정의 특례를 제외한 이 법의 적용상 근로

	자에 속한다.
제6조(보험료) ③제2항에도 불구하고 자영업자인 피보험자로부터 보험료징수법 제49조의2에 따라 징수된 고용안정·직업능력개발 사업의 보험료 및 실업급여의 보험료는 각각 자영업자인 피보험자를 위한 그 사업에 드는 비용에 충당한다. 다만, 실업급여의 보험료는 자영업자인 피보험자를 위한 제55조의2제1항에 따른 국민연금 보험료의 지원에 드는 비용에 충당할 수 있다.	제6조(보험료) ③ —— 자영업자인 피보험자 및 무급가족종사자인 피보험자(이하 "자영업자등인 피보험자"라고 한다)로부터 각 보험료징수법 제49조의2, 제49조의4에 따라 징수된 —— 자영업자등인 피보험자를 위한 ——. 다만, —— 자영업자등인 피보험자 ——
제7조(고용보험위원회) ②위원회는 다음 각 호의 사항을 심의한다. 1. 보험제도 및 보험사업의 개선에 관한 사항 〈신설〉	제7조(고용보험위원회) ② 1. 보험제도 및 보험사업의 개선에 관한 사항. 당연가입범위 확대 및 보험적용대상 확장, 보장수준 향상, 연대성 제고에 관한 사항을 포함한다. 1의2. 특수고용노동자에 대하여 제15조의 신고의무를 부과하는 업종의 지정 및 변경에 관한 사항
제8조(적용 범위) 이 법은 근로자를 사용하는 모든 사업 또는 사업장(이하 "사업"이라 한다)에 적용한다. 다만, 산업별 특성 및 규모 등을 고려하여 대통령령으로 정하는 사업에 대하여는 적용하지 아니한다.	제8조(적용 범위) 이 법은 모든 사업 또는 사업장(이하 "사업"이라 한다)에 적용한다. 다만, 가구내 고용활동 및 달리 분류되지 아니한 자가소비 생산활동에 대하여는 적용하지 아니한다.
제10조(적용 제외) ①다음 각 호의 어느 하나에 해당하는 자에게는 이 법을 적용하지 아니한다. 2. 소정근로시간이 대통령령으로 정하는 시간 미만인 자	제10조(적용 제외) ① 〈삭제〉

② 65세 이후에 고용(65세 전부터 피보험 자격을 유지하던 사람이 65세 이후에 계속하여 고용된 경우는 제외한다)되거나 자영업을 개시한 사람에게는 제4장 및 제5장을 적용하지 아니한다.	② 70세 ─ (70세 ─ 　　　　　　　　　 70세 ─ 다만, 위 연령 기준은 농림어업 종사자에 대하여는 75세로 한다.
제13조(피보험자격의 취득일) ① 피보험 자는 이 법이 적용되는 사업에 고용된 날에 피보험자격을 취득한다. ── ② 제1항에도 불구하고 자영업자인 피보 험자는 보험료징수법 제49조의2제1항 및 같은 조 제12항에서 준용하는 같은 법 제7조제3호에 따라 보험관계가 성립한 날에 피보험자격을 취득한다. 〈신설〉	제13조(피보험자격의 취득일) ① 근로자 인 피보험자는 ── 　　　　 노무를 제공하기 시작한 날 ─. ── ② 자영업자인 피보험자는 이 법이 적용되 는 사업을 시작한 날에 피보험자격을 취 득한다. 다만, 보험료징수법 제49조의3 제1항제2호의 농림어업인(이하 "농림 어업인"이라 한다)은 이 법이 적용되는 사업을 시작한 해의 1. 1.에 사업을 시작 한 것으로 본다. ③ 무급가족종사자인 피보험자는 보험료 징수법 제49조의4제1항 및 같은 조 제5 항에서 준용하는 같은 법 제7조제3호에 따라 보험관계가 성립한 날에 피보험자 격을 취득한다.
제14조(피보험자격의 상실일) ① 피보험 자는 다음 각 호의 어느 하나에 해당하는 날에 각각 그 피보험자격을 상실한다. ② 제1항에도 불구하고 자영업자인 피보 험자는 보험료징수법 제49조의2제10 항 및 같은 조 제12항에서 준용하는 같 은법 제10조제1호부터 제3호까지의 규 정에 따라 보험관계가 소멸한 날에 피보 험자격을 상실한다. 〈신설〉	제14조(피보험자격의 상실일) ① 근로자 인 피보험자는 ── ② 자영업자인 피보험자는 보험료징수법 제10조제1호·제3호의 규정에 따라 보 험관계가 소멸한 날에 피보험자격을 상 실한다. 다만, 농림어업인은 보험관계가 소멸한 해의 12. 31.에 피보험자격을 상 실한 것으로 본다. ③ 무급가족종사자인 피보험자는 보험료 징수법 제49조의4 제4항 및 같은 조 제5

	항에서 준용하는 같은 법 제10조제1호 부터 제3호까지의 규정에 따라 보험관계 가 소멸한 날에 피보험자격을 상실한다.
제15조(피보험자격에 관한 신고 등)①사 업주는 그 사업에 고용된 근로자의 피보 험자격의 취득 및 상실 등에 관한 사항 을 대통령령으로 정하는 바에 따라 고용 노동부장관에게 신고하여야 한다. ⑦ 제1항에도 불구하고 자영업자인 피보 험자는 피보험자격의 취득 및 상실에 관 한 신고를 하지 아니한다.	제15조(피보험자격에 관한 신고 등)① ── 그 사업에 고용된 자 ── ──. 산업재해보상보험법 시행령 제125 조에 정한 업종의 특수고용노동자로부 터 노무를 제공받는 사업주도 위와 같이 신고하여야 한다. ⑦자영업자인 피보험자는 자신의 피보험 자격의 취득 및 상실에 관하여 신고하여 야 한다.
제17조(피보험자격의 확인) ①피보험자 또는 피보험자였던 자는 언제든지 고용 노동부장관에게 피보험자격의 취득 또 는 상실에 관한 확인을 청구할 수 있다. 〈신설〉 ②고용노동부장관은 제1항에 따른 청구 에 따르거나 직권으로 피보험자격의 취 득 또는 상실에 관하여 확인을 한다.	제17조(피보험자격의 확인) ① ── ── 근로자인 피보험자 또는 자 영업자등인 피보험자로서 피보험자격 의 취득 또는 상실 ── ①의2. 사업주는 그 사업에 노무를 제공하 는 자가 근로자인 피보험자인지 자영업 자등인 피보험자인지 확정하기 어려울 때는 고용노동부장관에게 그 확인을 청 구하여야 한다. ② ── 제1항·제1항의2 ── ── 근로자인 피보험자 또는 자 영업자등인 피보험자의 피보험자격의 취득 또는 상실 ──
제18조(피보험자격 이중 취득의 제한) 근 로자가 보험관계가 성립되어 있는 둘 이 상의 사업에 동시에 고용되어 있는 경우	제18조(피보험자격 이중 취득) ①근로자 가 보험관계가 성립되어 있는 둘 이상 의 사업에 동시에 노무를 제공하는 경우

에는 고용노동부령으로 정하는 바에 따라 그 중 한 사업의 근로자로서의 피보험자격을 취득한다. 〈신설〉	에는 각 사업에 관하여 모두 근로자로서 피보험자격을 취득한다. ② 근로자인 피보험자가 자영업을 겸업하는 경우에는 자영업자인 피보험자격을 별도로 취득한 것으로 본다. 자영업자인 피보험자가 타인의 사업에 관하여 노무를 제공하는 경우에도 같다.
제37조(실업급여의 종류) ① 실업급여는 구직급여와 취업촉진 수당으로 구분한다. 〈신설〉 ② ―	제37조(실업급여의 종류) ① ― 구직등급여와 ― ② 구직등급여의 종류는 다음 각 호와 같다. 1. 구직급여 2. 이직준비급여 3. 재충전급여 4. 소득지원급여 ③ ―
제2절 구직급여	제2절 구직등급여
제40조(구직급여의 수급 요건) ① 구직급여는 이직한 피보험자가 다음 각 호의 요건을 모두 갖춘 경우에 지급한다. 다만, 제5호와 제6호는 최종 이직당시 일용근로자였던 자만 해당한다. 1. 제2항에 따른 기준기간(이하 "기준기간"이라 한다) 동안의 피보험단위기간(제41조에 따른 피보험 단위기간을 말한다. 이하 같다.)이 통산(通算)하여 180일 이상일 것 〈신설〉	제40조(구직급여의 수급 요건) ① 1. ― ― 120일 ― 1의2. 소정근로시간이 1월 60시간 미만(1주 15시간 미만)으로서 주 4일 이하 근

	로한 피보험자에 대하여는 기준기간 동안의 피보험 단위기간이 통산하여 다음 각목 이상일 것 가. 주 4일 근로한 경우: 96일 나. 주 3일 근로한 경우: 72일 다. 주 2일 근로한 경우: 48일 라. 주 1일 근로한 경우: 24일
2. 근로의 의사와 능력이 있음에도 불구하고 취업(영리를 목적으로 사업을 영위하는 경우를 포함한다. 이하 이 장 및 제5장에서 같다)하지 못한 상태에 있을 것	2. ─ ─ 하지 못하거나 둘 이상의 사업에 취업했다가 일부 실업한 경우로서 제43조에 따른 수급자격인정신청일 이전 1개월 동안의 사업별 평균임금 합산액이 시간 단위 최저임금액의 100분의 80 미만일 것
6. 최종 이직 당시의 기준기간 동안의 피보험 단위기간 중 다른 사업에서 제58조에 따른 수급자격의 제한 사유에 해당하는 사유로 이직한 사실이 있는 경우에는 그 피보험 단위기간 중 90일 이상을 일용근로자로 근로하였을 것	6. ─ ─ 60일 ─
② 기준기간은 이직일 이전 18개월로 하되, 피보험자가 다음 각 호의 어느 하나에 해당하는 경우에는 다음 각 호의 구분에 따른 기간을 기준기간으로 한다.	② ─ 36개월 ─
1. 이직일 이전 18개월 동안에 질병·부상, 그 밖에 대통령령으로 정하는 사유로 계속하여 30일 이상 보수의 지급을 받을 수 없었던 경우: 18개월에 그 사유로 보수를 지급 받을 수 없었던 일수를 가산한 기간(3년을 초과할 때에는 3년)	1. ─ 36개월 ─ : 36개월
2. 다음 각 목의 요건에 모두 해당하는 경우: 이직일 이전 24개월 가. 이직 당시 1주 소정근로시간이 15시간	〈삭제〉

<table>
<tr>
<td>미만이고, 1주 소정근로일수가 2일 이하인 근로자로 근로하였을 것
나. 이직일 이전 24개월 동안의 피보험단위기간 중 90일 이상을 가목의 요건에 해당하는 근로자로 근로하였을 것.</td>
<td></td>
</tr>
<tr>
<td>제41조(피보험 단위기간) ①피보험단위기간은 피보험기간 중 보수 지급의 기초가 된 날을 합하여 계산한다. 다만, <u>자영업자인 피보험자의 피보험 단위기간은 제50조제3항 단서 및 제4항에 따른 피보험기간으로 한다.</u></td>
<td>제41조(피보험 단위기간) ① ―

―― <u>자영업자 등인 ――   ―― 제50조 제3항제2호 내지 제4호 ――</u></td>
</tr>
<tr>
<td>제45조(급여의 기초가 되는 임금일액) ① 구직급여의 산정 기초가 되는 임금일액[이하 "기초일액(基礎日額)"이라 한다]은 제43조제1항에 따른 수급자격의 인정과 관련된 마지막 이직 당시 「근로기준법」 제2조제1항제6호에 따라 산정된 평균임금으로 한다. 다만, 마지막 이직일 이전 3개월 이내에 피보험자격을 취득한 사실이 2회 이상인 경우에는 마지막 이직일 이전 3개월간(일용근로자의 경우에는 마지막 이직일 이전 4개월 중 최종 1개월을 제외한 기간)에 <u>그 근로자에게 지급된 임금 총액을 그 산정의 기준이 되는 3개월의 총 일수로 나눈 금액을 기초일액으로 한다.</u>
②제1항에 따라 산정된 금액이 「<u>근로기준법」에 따른 그 근로자의 통상임금보다</u> 적을 경우에는 그 통상임금액을 기초일액으로 한다. 다만, 마지막 사업에서 이직 당시 일용근로자였던 자의 경우에는 그러하지 아니하다.
③제1항과 제2항에 따라 기초일액을 산정하는 것이 곤란한 경우와 보험료를 보험</td>
<td>제45조(급여의 기초가 되는 임금일액) ①

―― <u>이직한 사업으로부터 받은 보수를 기초로 「근로기준법」제2조제1항제6호에 따라 산정된 평균임금</u> ――

―― <u>이직한 사업의 보수로서 그 근로자에게 지급된 임금 총액을</u> ――

② ――   <u>이직한 사업과 관련하여 「근로기준법」에 따른 그 근로자의 통상임금보다</u> ――

③ ――</td>
</tr>
</table>

료징수법 제3조에 따른 기준보수(이하 "기준보수"라 한다)를 기준으로 낸 경우에는 기준보수를 기초일액으로 한다. 다만, 보험료를 기준보수로 낸 경우에도 제1항과 제2항에 따라 산정한 기초일액이 기준보수보다 많은 경우에는 그러하지 아니하다.

④제1항부터 제3항까지의 규정에도 불구하고 이들 규정에 따라 산정된 기초일액이 그 수급자격자의 이직전 1일 소정근로시간에 이직일 당시 적용되던 「최저임금법」에 따른 시간 단위에 해당하는 최저임금액을 곱한 금액(이하 "최저기초일액"이라 한다)보다 낮은 경우에는 최저기초일액을 기초일액으로 한다. 이 경우 이직전 1일 소정근로시간은 고용노동부령으로 정하는 방법에 따라 산정한다.

⑤제1항부터 제3항까지의 규정에도 불구하고 이들 규정에 따라 산정된 기초일액이 보험의 취지 및 일반 근로자의 임금수준 등을 고려하여 대통령령으로 정하는 금액을 초과하는 경우에는 대통령령으로 정하는 금액을 기초일액으로 한다.

── 이직한 사업의 기준보수를 ──

④──

── 이직전 사업의 1일 소정근로시간에 ──

── 이직한 사업의 기초일액으로 ──

⑤──

── 이직한 사업의 기초일액으로 한다.

제46조(구직급여일액)
〈신설〉

제46조(구직급여일액)
③수급자격자가 하나 이상의 사업에 종사하고 있는 경우 그 수입과 구직급여일액을 합한 액수는 최저임금액을 넘을 수 없다.

제47조(실업인정대상기간 중의 취업 등의 신고) ①수급자격자는 실업의 인정을 받으려 하는 기간(이하 "실업인정대상기간"이라 한다) 중에 고용노동부령으로 정하는 기준에 해당하는 취업을 한

제47조(실업인정대상기간 중의 취업 등의 신고) ①──

── 최저임금액의 100분의 60 이상의 보수를 받는 등 고용

경우에는 그 사실을 직업안정기관의 장에게 신고하여야 한다.	<u>노동부령으로 정하는 기준</u> —
제50조(소정급여일수 및 피보험기간) ①하나의 수급자격에 따라 구직급여를 지급받을 수 있는 날(이하 "소정급여일수"라 한다)은 대기기간이 끝난 다음날부터 계산하기 시작하여 <u>피보험기간과 연령에 따라 별표 1에서 정한 일수가 되는 날까지로 한다.</u> ③<u>피보험기간은 그 수급자격과 관련된 이직 당시의 적용 사업에서 고용된 기간(제10조 및 제10조의2에 따른 적용 제외 근로자로 고용된 기간은 제외한다. 이하 이 조에서 같다)으로 한다. 다만, 자영업자인 피보험자의 경우에는 그 수급자격과 관련된 폐업 당시의 적용 사업에의 보험가입기간 중에서 실제로 납부한 고용보험료에 해당하는 기간으로 한다.</u>	제50조(소정급여일수 및 피보험기간) ① — — <u>피보험기간에</u> — ③ 피보험기간은 다음 각 호의 기간으로 한다. 1. 근로자인 피보험자: 그 수급자격과 관련된 이직 당시의 적용 사업에서 고용된 기간(제10조 및 제10조의2에 따른 적용 제외 근로자로 고용된 기간은 제외한다. 이하 이 조에서 같다) 2. 자영업자인 피보험자: 그 수급자격과 관련된 폐업 당시의 적용 사업의 존속기간 3. 농림어업인: 그 수급자격과 관련된 폐업 당시의 적용 사업을 시작한 해의 1. 1.부터 폐업한 해의 12. 31.까지의 기간 4. 무급가족종사자인 피보험자: 해당 사업에의 보험가입기간 중 실제로 납부한 고용보험료에 해당하는 기간
<u>〈신설〉</u>	제50조의2(특수고용노동자에 대한 특례) ①특수고용노동자에 대한 구직급여는 이직한 특수고용노동자가 이직일 이전 36개월간 제41조에 따라 근로자인 피보험자로서 갖춘 피보험 단위기간이 통산하여 1년 이상일 경우 지급한다. 최종 이직일 이전 기준기간의 피보험 단위기간 1년 중 다른 사업에서 제58조에 따른 수급자격의 제한 사유에 해당하는 사유로

이직한 사실이 있는 경우에는 그 피보험 단위기간 중 60일 이상을 특수고용노동자로 근로하였어야 한다.

②특수고용노동자인 피보험자의 기초일액은 다음 각 호의 구분에 따른 기간 동안 수령한 총보수액에서 업종의 특성 등을 고려하여 대통령령으로 정하는 비율의 비용을 공제한 실보수액을 그 기간의 총일수로 나눈 금액으로 한다. 사업의 폐업·도산 또는 기타 사유로 보수액을 산정·확인하기 곤란한 경우에는 보험료징수법 제3조 제1항에 따라 고용노동부장관이 정하여 고시하는 기준보수액을 실보수액으로 할 수 있다.

1. 수급자격과 관련된 피보험기간이 1년 이상인 경우: 마지막 이직일 이전 1년의 피보험기간

2. 수급자격과 관련된 피보험기간이 1년 미만인 경우: 수급자격과 관련된 그 피보험기간

③이직한 특수고용노동자인 피보험자가 제69조의7 각 호의 어느 하나에 해당한다고 직업안정기관의 장이 인정하는 경우에는 수급자격이 없는 것으로 본다. 다만 제69조의7제4호의 적용에 있어서는 보험료징수법 제3조에 따라 고용노동부장관이 고시하는 기준보수액 이하로 소득이 감소한 경우도 고용노동부령으로 정하는 정당한 사유로 본다.

제58조(이직 사유에 따른 수급자격의 제한) 2. 가. 전직 또는 자영업을 하기 위하여 이직한 경우	제58조(이직 사유에 따른 수급자격의 제한) 〈삭제〉

〈신설〉	제59조(소득지원급여) ①제40조제1항제1호, 제1의2호, 제5호, 제6호 및 제2항 소정의 요건을 갖춘 피보험자가 「재난 및 안전관리 기본법」이 정하는 재난 또는 이에 준하는 경우에 처하거나 「고용정책기본법」제32조의2제2항에 따라 고용재난지역으로 선포된 지역에서 취업한 자로서 대통령령으로 정하는 사유로 인하여 제43조의 수급자격인정신청일 이전 1개월 동안의 소득이 시간 단위 최저임금액의 100분의 80 미만이 된 경우, 최저임금액의 100분의 80 상당액까지 소득지원급여를 받을 수 있다. ②제40조제1항제1호, 제1의2호, 제5호, 제6호 및 제2항의 '이직일'은 소득감소 기준일'로 본다. ③소득지원급여의 지급절차에 관하여는 대통령령으로 정한다.
〈신설〉	제59조의2(이직준비급여) 피보험기간이 5년 이상인 피보험자가 전직 또는 자영업을 하기 위하여 이직한 경우에는 1회 120일을 한도로 하여 구직급여 상당의 급여(이하 "이직준비급여"라 한다)를 지급받을 수 있다. 이직준비급여를 지급받은 자는 급여기간 만료 후 피보험기간이 5년 이상이 되어야 다시 이직준비급여를 지급받을 수 있다.
〈신설〉	제59조의3(청년 이직준비급여) 피보험기간이 120일 이상인 만 18세부터 만 34세까지의 피보험자(자영업자등인 피보험자를 포함한다)가 전직 또는 자영업을 하기 위하여 이직한 경우에는 횟수에

제한 없이 총 600일을 한도로 하는 구직 급여 상당의 급여를 받을 수 있다.

<신설>

제59조의4(재충전급여) ① 근로자인 피보험자는 피보험기간이 7년이 지난 때에는 휴직을 이유로 7년 마다 1회 90일을 한도로 하는 재충전급여를 지급받을 수 있다. 농림어업인인 피보험자도 같다.
② 근로자인 피보험자가 재충전급여를 신청할 경우, 사업주는 재충전급여를 지급받을 수 있는 휴직을 피보험자가 청구한 시기에 주어야 한다. 다만 피보험자가 청구한 시기에 휴직을 주는 것이 사업 운영에 막대한 지장이 있는 경우에는 그 시기를 변경할 수 있다.
③ 제1항에 따른 재충전급여청구권은 7년간 행사하지 아니하면 소멸된다. 다만, 사업주의 귀책사유로 행사하지 못한 경우에는 그러하지 아니하다.
④ 재충전급여일액은 다음 각 호의 구분에 따른 금액으로 한다.
1. 제45조제1항부터 제3항까지 및 제5항의 경우에는 그 수급자격자의 기초일액에 100분의 90을 곱한 금액
2. 제45조제4항의 경우에는 그 수급자격자의 기초일액(이하 '최저재충전급여일액'이라 한다)
3. 농림어업인의 경우에는 그 기초일액의 100분의 90에 해당하는 금액
⑤ 제4항제1호에 따라 산정된 재충전급여일액이 최저재충전급여일액보다 낮은 경우에는 최저재충전급여일액을 그 수급자격자의 재충전급여일액으로 한다.
⑥ 피보험자가 제1항의 재충전급여를 지

	급받는 중에 최저임금액의 100분의60 이상의 보수를 받는 등 고용노동부령으로 정하는 기준에 해당하는 취업을 한 경우에는 급여지급을 중단한다.
제69조의2(자영업자인 피보험자의 실업 급여의 종류) 자영업자인 피보험자의 실업급여의 종류는 제37조에 따른다. 다만, 제51조부터 제55조까지의 규정에 따른 연장급여와 제64조에 따른 조기재취업 수당은 제외한다. 〈신설〉	제69조의2(자영업자등인 피보험자의 실업급여의 종류) 자영업자등인 피보험자의 실업급여의 종류는 다음 각 호와 같다. 다만, —— 1. 자영업자인 피보험자: 제37조제2항제1호·제2호, 제4호, 제3항 각 호 2. 농림어업인: 제37조제2항제1호·제2호, 제3호, 제3항 각 호 3. 무급가족종사자인 배우자: 종사하는 사업이 농림어업인 경우에는 제1호에, 그 밖의 경우에는 제2호에 따른다.
제69조의3(구직급여의 수급 요건) 1. 폐업일 이전 24개월간 제41조제1항단서에 따라 자영업자인 피보험자로서 갖춘 피보험 단위기간이 통산(通算)하여 1년 이상일 것 2. 근로의 의사와 능력이 있음에도 불구하고 취업을 하지 못한 상태에 있을 것	제69조의3(구직급여의 수급 요건) 1. —— 48개월간 —— 2. —— —— 취업하지 못하거나 둘 이상의 사업에 취업했다가 일부 실업한 경우로서 소득총액이 최저임금의 100분의80 미만일 것. 단, 농림어업인의 경우 일부 실업의 인정 기준은 대통령령으로 정한다.
제69조의4(기초일액) ① 자영업자인 피보험자이었던 수급자격자에 대한 기초일액은 다음 각 호의 구분에 따른 기간 동안 본인이 납부한 보험료의 산정기초가	제69조의4(기초일액) ① —— —— 과세소득액을 ——

바로 지금, 전국민 고용보험이 필요하다

되는 보험료징수법 제49조의2제3항에 따라 고시된 보수액을 전부 합산한 후에 그 기간의 총일수로 나눈 금액으로 한다. 1. 수급자격과 관련된 피보험기간이 3년 이상인 경우: 마지막 폐업일 이전 3년의 피보험기간 2. 수급자격과 관련된 피보험기간이 3년 미만인 경우: 수급자격과 관련된 그 피보험기간	. 다만, 수급자격자가 농림어업에 종사한 자인 경우에는 본인이 납부한 보험료의 산정기초가 되는 보험료징수법 제49조의3제1항에 따라 산출한 보수액을 전부 합산한 후에 그 기간의 총일수로 나눈 금액으로 한다. ──
제69조의7(폐업사유에 따른 수급자격의 제한) 제69조의3에도 불구하고 폐업한 자영업자인 피보험자가 다음 각 호의 어느 하나에 해당한다고 직업안정기관의 장이 인정하는 경우에는 수급자격이 없는 것으로 본다. 3. 매출액 등이 급격하게 감소하는 등 고용노동부령으로 정하는 사유가 아닌 경우로서 전직 또는 자영업을 다시 하기 위하여 폐업한 경우 4. 그 밖에 고용노동부령으로 정하는 정당한 사유에 해당하지 아니하는 사유로 폐업한 경우	제69조의7(폐업사유에 따른 수급자격의 제한) 〈삭제〉 4. 고용노동부령으로 ── ──. 매출액 등이 급격하게 감소한 경우는 정당한 사유가 있는 것으로 본다.
제69조의8(자영업자인 피보험자에 대한 실업급여의 지급 제한) 고용노동부장관은 보험료를 체납한 사람에게는 고용노동부령으로 정하는 바에 따라 이 장에 따른 실업급여를 지급하지 아니할 수 있다.	제69조의8(무급가족종사자인 피보험자에 대한 실업급여의 지급 제한) ── 무급가족종사자인 피보험자에게는 ──
〈신설〉	제69조의9(자영업자등 이직준비급여) 피보험기간이 5년 이상인 자영업자등인 피보험자가 전직 또는 자영업을 다시 하

	기 위하여 폐업한 경우에는 1회 180일을 한도로 하여 구직급여 상당의 급여(이하 "자영업자등 이직준비급여"라 한다)를 지급받을 수 있다. 자영업자등 이직준비급여를 지급받은 자는 급여기간 만료 후 피보험기간이 5년 이상이 되어야 다시 자영업자등 이직준비급여를 받을 수 있다. 농림어업인은 1회 120일을 한도로 한다.
제69조의9(준용) ① 자영업자인 피보험자의 실업급여에 관하여는 <u>제38조</u>, 제42조부터 제44조까지, 제47조부터 제49조까지, 제56조, 제57조, 제60조부터 제63조까지, 제65조부터 제68조까지를 준용한다. 이 경우 제42조제1항·제43조제3항 중 "이직"은 "폐업"으로 보고, 제43조제1항 중 "제40조제1항제1호부터 제3호까지·제5호 및 제6호"는 "제69조의3"으로 보며, 제63조제1항 중 "제46조"는 "제69조의5"로 보고, 제48조제1항 중 "제50조제1항"은 "제69조의6"으로 본다.	제69조의10(준용) ① 자영업자등인 —— —— <u>제38조, 제38조의2</u>, ——
제70조(육아휴직 급여) ① 고용노동부장관은 「남녀고용평등과 일·가정 양립 지원에 관한 법률」 제19조에 따른 육아휴직을 30일(「근로기준법」 제74조에 따른 출산전후휴가기간과 중복되는 기간은 제외한다) 이상 부여받은 피보험자 중 육아휴직을 시작한 날 이전에 제41조에 따른 피보험 단위기간이 통산하여 180일 이상인 피보험자에게 육아휴직 급여를 지급한다.	제70조(육아휴직 급여) ① 고용노동부장관은 아래 각 호의 피보험자에게 육아휴직급여를 지급한다. 1. <u>「남녀고용평등과 일·가정 양립 지원에 관한 법률」 제19조에 따른 육아휴직을 30일(「근로기준법」 제74조에 따른 출산전후휴가기간과 중복되는 기간은 제외한다) 이상 부여받은 근로인 피보험자 중 육아휴직을 시작한 날 이전에 제41조에 따른 피보험 단위기간이 통산하여 120일 이상인 피보험자</u>

	2. 만 8세 이하 또는 초등학교 2학년 이하의 자녀(입양한 자녀를 포함한다.)를 양육하기 위하여 30일 이상 사업에 종사하기를 중단한 자영업자등인 피보험자 중 사업종사중단일 이전에 제41조 및 제50조제3항제2호 내지 제4호 또는 제4항에 따른 피보험 단위기간이 통산하여 120일 이상인 피보험자
④제1항에 따른 육아휴직 급여액은 대통령령으로 정한다.	④제1항에 따른 육아휴직 급여액은 다음 각호와 같다. 육아휴직 급여의 지급금액은 대통령령으로 정하는 바에 따라 그 상한액과 하한액을 정할 수 있다. 1. 근로자인 피보험자: 육아휴직 시작일부터 3개월이 되는 날까지는 육아휴직 시작일을 기준으로 한 월 통상임금의 100분의 80에 해당하는 금액, 육아휴직 4개월째부터 육아휴직 종료일까지는 100분의 50에 해당하는 금액 2. 자영업자등인 피보험자: 육아휴직 시작일부터 3개월이 되는 날까지는 육아휴직 시작일을 기준으로 한 기초일액의 100분의 80에 해당하는 금액, 육아휴직 4개월째부터 1년이 되는 날까지는 100분의 50에 해당하는 금액
제73조(육아휴직 급여의 지급 제한 등) ②피보험자가 육아휴직 기간 중에 제70조제3항에 따른 취업을 한 경우에는 그 취업한 기간에 대해서는 육아휴직 급여를 지급하지 아니한다.	제73조(육아휴직 급여의 지급 제한 등) ②——— ———— 그 취업으로 얻은 소득이 최저임금의 100분의 60 이상인 기간 ——
제73조의2(육아기 근로시간 단축 급여) ①고용노동부장관은 「남녀고용평등과 일·가정 양립 지원에 관한 법률」 제19조	제73조의2(육아기 근로시간 단축 급여) ①——

의2에 따른 육아기 근로시간 단축(이하 "육아기 근로시간 단축"이라 한다)을 30일(「근로기준법」 제74조에 따른 출산전후휴가기간과 중복되는 기간은 제외한다) 이상 실시한 피보험자 중 육아기 근로시간 단축을 시작한 날 이전에 제41조에 따른 피보험 단위기간이 통산하여 180일 이상인 피보험자에게 육아기 근로시간 단축 급여를 지급한다.	─120일─
제75조(출산전후휴가 급여 등) 고용노동부장관은 「남녀고용평등과 일·가정 양립 지원에 관한 법률」 제18조에 따라 피보험자가 「근로기준법」 제74조에 따른 출산전후휴가 또는 유산·사산휴가를 받은 경우와 「남녀고용평등과 일·가정 양립 지원에 관한 법률」 제18조의2에 따른 배우자 출산휴가를 받은 경우로서 다음 각 호의 요건을 모두 갖춘 경우에 출산전후휴가 급여 등(이하 "출산전후휴가 급여등"이라 한다)을 지급한다. 1. 휴가가 끝난 날 이전에 제41조에 따른 피보험 단위기간이 통산하여 180일 이상일 것	제75조(출산전후휴가 급여 등) 1. ─ ─ 120일 ─
제76조(지급 기간 등) 〈신설〉	제76조(지급 기간 등) ①의2. 자영업자등인 피보험자의 출산전후휴가 급여등은 다음 각 호의 기간에 대하여 기초일액에 해당하는 금액을 지급한다. 1. 출산전후 90일(한 번에 둘 이상의 자녀를 임신한 경우에는 120일), 유산·사산 시 근로기준법 제74조에 따른 기간 2. 배우자 출산 시 최초 5일
제87조(심사와 재심사) ①제17조에 따른	제87조(심사와 재심사) ① ─

바로 지금, 전국민 고용보험이 필요하다

피보험자격의 취득·상실에 대한 확인, 제4장의 규정에 따른 실업급여 및 제5장에 따른 육아휴직급여와 출산전후휴가급여등에 관한 처분[이하 "원처분(原處分)등"이라 한다]에 이의가 있는 자는 제89조에 따른 심사관에게 심사를 청구할 수 있고, 그 결정에 이의가 있는 자는 제99조에 따른 심사위원회에 재심사를 청구할 수 있다.

── 근로자로서 피보험자격 또는 자영업자등으로서 피보험자격의 취득·상실에 대한 확인 ──

관련 법률 개정안

「고용보험 및 산업재해보상보험의 보험료징수 등에 관한 법률」 개정안

제안이유

고용보험 당연가입대상을 자영업자까지 확대하고 무급가족종사자의 임의가입을 허용하는 고용보험법 개정안에 맞추어 보험료징수법 역시 정비할 필요가 있음.

주요 내용

가. 근로자에 대한 보험료는 평균임금을 기준으로 부과하고 특수고용노동자의 보험료는 직종별로 일정률 비용 공제한 실소득액에 부과함. 자영업자에 대한 보험료는 과세소득 기준으로 부과하며, 농림어업인에 대한 보험료는 고용노동부 장관 고시 보수액 중 선택금액 기준으로 납부하되 연납으로 함. 무급가족종사자 임의가입시(자영업자의 배우자에 한정), 해당 사업의 소득을 자영업자와 반분하여 취득한 것으로 간주하고 다르게 신고하면 그 기준으로 배분함.

나. 모든 취업자의 소득을 정확히 파악하고 실질적 사각지대를 줄이기 위해 보험료 징수업무를 국세청으로 이관함.

다. 특수고용노동자와 자영업자의 당연가입에 따라 일정 금액 이하 자영업자 및 무급가족종사자, 농림어업인에게는 보험료를 지원함. 천재지변, 경제위기 발생시 국가가 고용보험료를 직접 지원할 수 있는 소득지원급여의 근거조항을 마련함.

라. 이 법 시행일 이후 6개월 이내 신규 가입하는 특수고용노동자 등에 대해 피보험 단위기간을 충족한 것으로 보고 국가가 보험료를 지원하는 특례조항을 부칙에 둠.

신·구 조문 대비표

현행	개정안
제2조(정의) 이 법에서 사용하는 용어의 뜻은 다음과 같다.	제2조(정의)
2. "근로자"란 「근로기준법」에 따른 근로자를 말한다.	2. "근로자"란 <u>계약의 형태를 불문하고 대가를 목적으로 타인의 사업을 위하여 노무를 제공하는 자를 말한다.</u>
<u>〈신설〉</u>	<u>2의2. "특수고용노동자"란 고용계약 외 다른 형식의 계약으로 타인의 사업을 위하여 대가를 목적으로 노무를 제공하는 자를 말한다. 보험관계의 신고와 보험료 산정에 관한 특례를 제외한 이 법의 적용상 근로자에 속한다.</u>
<u>〈신설〉</u>	<u>2의3. "무급가족종사자"란 자영업자와 민법 제779조에 따른 가족 관계에 있는 자 중 급여를 받지 않고 해당 사업에 종사하는 자를 말한다.</u>
제4조 (보험사업의 수행주체) 「고용보험법」 및 「산업재해보상보험법」에 따른 보험사업에 관하여 이 법에서 정한 사항은 고용노동부장관으로부터 위탁을 받아 「산업재해보상보험법」 제10조에 따른 근로복지공단(이하 "공단"이라 한다)이 수행한다. 다만, 다음 각 호에 해당하는 징수업무는 「국민건강보험법」 제13조에 따른 국민건강보험공단(이하 "건강보험공단"이라 한다)이 고용노동부장관으로부터 위탁을 받아 수행한다.	제4조 (보험사업의 수행주체) —— —— <u>국세청이</u> ——
제11조(보험관계의 신고) ① <u>사업주는</u> 제5조제1항 또는 제3항에 따라 당연히 보험가입자가 된 경우에는 그 보험관계가	제11조(보험관계의 신고) ① <u>근로자를 고용한 사업주는</u> ——

성립한 날부터 14일 이내에, 사업의 폐업·종료 등으로 인하여 보험관계가 소멸한 경우에는 그 보험관계가 소멸한 날부터 14일 이내에 공단에 보험관계의 성립 또는 소멸 신고를 하여야 한다. 다만, 다음 각 호에 해당하는 사업의 경우에는 그 구분에 따라 보험관계 성립신고를 하여야 한다.	── 하여야 한다. 산업재해보상보험법 시행령 제125조에 정하는 업종의 특수고용노동자로부터 노무를 제공받는 사업주도 위와 같이 신고하여야 한다. 다만, ──
제13조(보험료) ②고용보험 가입자인 근로자가 부담하여야 하는 고용보험료는 자기의 보수총액에 제14조제1항에 따른 실업급여의 보험료율의 2분의 1을 곱한 금액으로 한다.(단서 생략) 〈신설〉	제13조(보험료) ②── ── 보수총액(여러 사업자로부터 근로자로서 보수를 받은 경우 이를 합산한다)에 ── ④의2. 피보험자가 고용보험법 제59조의4에 따라 재충전급여를 지급받는 경우 수급기간동안 사업주는 당해 피보험자에 대해 보험료징수법 제13조 제1항, 제2항, 제4항 및 제16조 제1항의 적용을 받지 아니한다.
제16조(고용보험료의 원천공제) ①사업주는 제13조제2항에 따라 고용보험 가입자인 근로자가 부담하는 고용보험료에 상당하는 금액을 대통령령으로 정하는 바에 따라 그 근로자의 보수에서 원천공제 할 수 있다.	제16조(고용보험료의 원천공제) ① ── 해당 사업주로부터 받는 보수에 관하여 부담하는 고용보험료에 ──
제16조의2(보험료의 부과·징수) ②제1항에도 불구하고 건설업 등 대통령령으로 정하는 사업의 경우에는 제17조 및 제19조에 따른다.	제16조의2(보험료의 부과·징수) ②── 건설업, 농림어업 ──

제16조의10(보수총액 등의 신고) ③사업주는 근로자를 새로 고용한 경우 그 근로자의 성명 및 주소지 등을 그 근로자를 고용한 날이 속하는 달의 다음 달 15일까지 공단에 신고하여야 한다. 다만, 1개월간 소정근로시간이 60시간 미만인 자 등 대통령령으로 정하는 근로자에 대하여는 신고하지 아니할 수 있다.	제16조의10(보수총액 등의 신고) ③― ―― 산업재해보상보험법 시행령 제125조에 정한 업종의 특수고용노동자로부터 노무를 제공받는 사업주도 위와 같이 신고하여야 한다.
제21조(고용보험료의 지원) ①국가는 근로자가 다음 각 호의 요건을 모두 충족하는 경우 그 사업주와 근로자가 제13조제2항 및 제4항에 따라 각각 부담하는 고용보험료의 일부를 예산의 범위에서 지원할 수 있다. 1. 대통령령으로 정하는 규모 미만의 사업에 고용되어 대통령령으로 정하는 금액 미만의 보수를 받을 것 〈신설〉	제21조(고용보험료의 지원) ① 1. ― ―― 고용된 자 또는 대통령령으로 정하는 업종에 종사하는 특수고용노동자로서 ― ②국가는 천재지변, 경제위기 그 밖에 대통령령으로 정하는 특수한 사유가 있어 보험료를 지원할 필요가 있다고 인정하는 때에는 그 사업주와 근로자가 제13조 제2항 및 제4항에 따라, 자영업자와 농림어업인, 무급가족종사자, 특수고용노동자가 각 제49조의2 내지 제49조의5에 따라 각각 부담하는 고용보험료의 전부나 일부를 예산의 범위에서 지원할 수 있다.
②제1항에 따른 고용보험료의 지원 수준, 지원 방법 및 절차 등 필요한 사항은 대통령령으로 정한다.	③제1항 및 제2항에 ―
제24조(가산금의 징수) ①공단은 사업주가 제19조제1항에서 정하고 있는 기한	제24조(가산금의 징수) ①―

까지 확정보험료를 신고하지 아니하거
나 신고한 확정보험료가 사실과 달라
제19조제4항에 따라 보험료를 징수하
는 경우에는 그 징수하여야 할 보험료
의 100분의 10에 상당하는 가산금을 부
과하여 징수한다. 다만, 가산금이 소액
이거나 그 밖에 가산금을 징수하는 것이
적절하지 아니하다고 인정되어 대통령
령으로 정하는 경우 또는 대통령령으로
정하는 금액을 초과하는 부분에 대하여
는 그러하지 아니하다.

— 고용보험법 제17조
제1항의2에 따라 사업주가 그 사업에
노무를 제공하는 자가 근로자인 피보험
자인지 자영업자등인 피보험자인지 확
정하기 어려워 고용노동부장관에게 그
확인을 청구한 경우이거나 그 밖에 가산
금을 징수하는 것이 적절하지 아니하다
고 인정되어 —

제49조의2(자영업자에 대한 특례) ①근로
자를 사용하지 아니하거나 50명 미만
의 근로자를 사용하는 사업주로서 대통
령령으로 정하는 요건을 갖춘 자영업자
(이하 "자영업자"라 한다)는 공단의 승
인을 받아 자기를 이 법에 따른 근로자
로 보아 고용보험에 가입할 수 있다.
③자영업자에 대한 고용보험료 산정의 기
초가 되는 보수액은 자영업자의 소득,
보수수준 등을 고려하여 고용노동부장
관이 정하여 고시한다.
④자영업자는 제1항에 따라 보험가입승
인을 신청하려는 경우에는 본인이 원하
는 혜택수준을 고려하여 제3항에 따라
고시된 보수액 중 어느 하나를 선택하여
야 한다.
⑤자영업자는 제4항에 따라 선택한 보수
액을 다음 보험연도에 변경하려는 경우
에는 직전 연도의 12월 20일까지 제3항
에 따라 고시된 보수액 중 어느 하나를
다시 선택하여 공단에 보수액의 변경을

제49조의2(자영업자에 대한 특례) ①근로
자를 사용하지 아니하거나 50명 미만의
근로자를 사용하는 사업주로서 부동산 임
대업(한국표준산업분류표의 세분류를 기
준으로 한다)을 제외한 자영업자(이하 "자
영업자"라 한다)는 고용보험의 보험가입
자가 된다.
〈삭제〉

〈삭제〉

〈삭제〉

신청할 수 있다.

⑥제13조제2항 및 제4항에도 불구하고 자영업자가 부담하여야 하는 고용안정·직업능력개발사업 및 실업급여에 대한 고용보험료는 제4항 또는 제5항에 따라 선택한 보수액에 제7항에 따른 고용보험료율을 곱한 금액으로 한다. 이 경우 월(月)의 중간에 보험관계가 성립하거나 소멸하는 경우에는 그 고용보험료는 일할계산(日割計算)한다.

⑩ 고용보험에 가입한 자영업자가 자신에게 부과된 월(月)의 고용보험료를 계속하여 6개월간 납부하지 아니한 경우에는 마지막으로 납부한 고용보험료에 해당되는 피보험기간의 다음날에 보험관계가 소멸된다. 다만, 천재지변이나 그 밖에 부득이한 사유로 고용보험료를 낼 수 없었음을 증명하면 그러하지 아니하다.

⑪ 자영업자의 고용보험 가입 신청·승인 및 보험료의 부과·납부 등 필요한 사항은 고용노동부령으로 정한다.

⑫

1. 자영업자에 대한 고용보험관계의 성립·소멸에 관하여는 제5조제5항(같은 항 후단은 제외한다)·제7항, 제7조제3호 및 제10조제1호부터 제3호까지를 준용한다.

〈신설〉

---

⑥——

—— 자기의 과세소득 총액(여러 사업에서 소득을 얻은 경우 이를 모두 합산한다)에 ——

〈삭제〉

⑪—— 가입 및 ——

⑫

1.——

—— 제5조제1항·제7항, 제7조제1호 및 제10조제1호, 제3호를 준용한다.

제49조의3(농림어업인에 대한 특례) ①제49조의2제1항 내지 제9항의 규정에도 불구하고, 농림어업인에 대한 고용보험료 산정의 기초가 되는 보수액은 농림어업인의 소득, 보수수준 등을 고려하여 고용노동부장관이 정하여 고시한다.

바로 지금, 전국민 고용보험이 필요하다

②농림어업인은 본인이 원하는 혜택수준을 고려하여 제1항에 따라 고시된 보수액 중 어느 하나를 선택하여야 한다. 선택하지 아니한 경우에는 가장 낮은 보수액을 선택한 것으로 본다.

③농림어업인이 제2항에 따라 선택한 보수액을 다음 보험연도에 변경하려는 경우에는 직전 연도의 12월 20일까지 제1항에 따라 고시된 보수액 중 어느 하나를 다시 선택하여 공단에 보수액의 변경을 신청할 수 있다.

④농림어업인이 부담하여야 하는 고용안정·직업능력개발사업 및 실업급여에 대한 고용보험료는 제2항 또는 제3항에 따라 선택한 보수액에 제49조의2제7항에 따른 고용보험료율을 곱한 금액으로 한다.

⑤농림어업인은 당해 보험연도에 부과된 보험료를 다음 해 3월 31일까지 납부하여야 한다.

〈신설〉	제49조의4(무급가족종사자에 대한 특례) ①제49조의2제1항의 자영업자의 배우자로서 무급가족종사자인 자는 공단의 승인을 받아 해당 자영업(해당 자영업자가 둘 이상의 사업을 영위할 경우에도 그 중 한 사업에 한한다)에 관하여 이 법에 따른 자영업자로 보아 고용보험에 가입할 수 있다. ②무급가족종사자인 배우자가 피보험자가 될 경우, 해당 자영업자와 무급가족종사자인 배우자는 해당 자영업 소득의 각 100분의 50을 얻은 것으로 본다. 다만, 무급가족종사자인 배우자는 공단에 해당 자영업 소득의 100분의 30에서 70

	까지의 범위 내에서 소득비율을 달리 신고할 수 있고, 해당 자영업자는 위 신고소득비율을 공제한 나머지를 얻은 것으로 본다. ③무급가족종사자가 피보험자로서 부담하여야 하는 고용안정·직업능력개발사업 및 실업급여에 대한 고용보험료는 제2항에 따라 산정하는 과세소득액에 제49조의2제7항에 따른 고용보험료율을 곱한 금액으로 한다. 이 경우 월(月)의 중간에 보험관계가 성립하거나 소멸하는 경우에는 그 고용보험료는 일할계산(日割計算)한다. ④고용보험에 가입한 무급가족종사자가 자신에게 부과된 월(月)의 고용보험료를 계속하여 6개월간 납부하지 아니한 경우에는 마지막으로 납부한 고용보험료에 해당되는 피보험기간의 다음날에 보험관계가 소멸된다. 다만, 천재지변이나 그 밖에 부득이한 사유로 고용보험료를 낼 수 없었음을 증명하면 그러하지 아니하다. ⑤무급가족종사자의 고용보험 가입인·신청 및 보험료의 부과·납부 등은 종사하는 사업이 농림어업인 경우에는 제49조의3에, 그 밖의 경우에는 제49조의2에 따른다. 그 밖의 필요한 사항은 고용노동부령으로 정한다.
제49조의3(특수형태근로종사자에 대한 특례) 〈신설〉	제49조의5(특수고용노동자에 대한 특례) ①특수고용노동자의 고용보험료 산정의 기초가 되는 보수액은 비과세소득을 제외한 총소득액에서 업종의 특성 등을 고려하여 대통령령으로 정하는 비율의 비

① ―
②제1항에 따른 ―
③제2항 본문에 따라 ―
④사업주는 제2항 본문에 따라 특수형태
근로종사자가 부담하는 산재보험료에
해당하는 금액을 그 특수형태근로종사
자에게 지급할 금품에서 원천공제할 수
있다. 이 경우 사업주는 공제계산서를
그 특수형태근로종사자에게 내주어야
한다.
⑤특수형태근로종사자의 산재보험 적용
제외·재적용 신청 및 산재보험관계의
변경신고에 필요한 사항은 고용노동부
령으로 정한다.

용을 공제한 실보수액 총액(여러 사업
에서 소득을 얻은 경우 이를 모두 합산
한다)으로 하고, 고용보험료율은 「고용
보험법」 제50조의2 및 이 법 제13조 제2
항을 적용한다. 사업의 폐업·도산 또는
기타 사유로 보수액을 산정·확인하기
곤란한 경우에는 보험료징수법 제3조
제1항에 따라 고용노동부장관이 정하
여 고시하는 기준보수액을 실보수액으
로 할 수 있다.
② ―
③제2항에 따른 ―
④제3항 ―
⑤ ― 제3항 ― 특수고용노동자가
부담하는 고용보험료 및 산재보험료에
해당하는 금액을 그 특수고용노동자에
게 ―
― 특수고용노동자에게 ―

⑥특수고용노동자의 ―
― 고용보험 및 산재보
험관계의 ―

제49조의4(「국민기초생활 보장법」의 수
급자에 대한 특례)

제49조의6(「국민기초생활 보장법」의 수
급자에 대한 특례)

제49조의5(산재보험
관리기구의 산재보험 가입에 대한 특례)

제49조의7(산재보험관리기구의 산재보
험 가입에 대한 특례)

제49조의6(벌칙)

제49조의8(벌칙)

제49조의7(양벌규정)

제49조의9(양벌규정)

〈신설〉	부칙
〈신설〉	제1조(시행일) 이 법은 공포한 날부터 시행한다.
〈신설〉	제2조(보험료 지원의 특례) ①이 법 시행일 이후 6개월 이내에 고용보험에 가입하는 근로자가 제21조제1항의 요건을 충족하는 경우 고용보험법 제40조제1항의 피보험 단위기간 요건을 충족한 것으로 본다. ②이 법 시행일 이후 6개월 이내에 고용보험에 가입하는 자영업자 및 무급가족종사자로서 연 매출 10억원 이하의 사업에 종사하는 경우 고용보험법 제69조의3제1호의 피보험 단위기간 요건을 충족한 것으로 본다. ③이 법 시행일 이후 6개월 이내에 고용보험에 가입하는 농림어업인은 고용보험법 제69조의3제1호의 피보험 단위기간 요건을 충족한 것으로 본다. ④국가는 제1항 내지 제3항의 피보험 단위기간 요건 충족에 소요되는 고용보험료 및 피보험자의 고용보험 가입일부터 6개월 동안 사업주 및 피보험자가 납부하여야 할 고용보험료를 지원한다.

참고문헌

- 국회예산정책처, 『고용안전망 확충 사업 분석』, 2019. 8.
- 고용노동부, 『2017·2018 고용보험 백서』
- 김도균 외, 『자신에게 고용된 사람들 - 한국의 자영업자 보고서』, 후마니타스, 2017.
- 김상호 외, 「가족종사자 산재보험 적용 타당성 및 적용방안 검토」, 2010 노동부 정책연구용역, 2010. 8.
- 남윤미, 「국내 자영업의 폐업률 결정요인 분석」, 『BOOK경제연구』, 한국은행, 2017-5호.
- 박찬임, 「특수형태근로종사자 근로실태 : 산재보험 적용 9개 직종을 중심으로」, 『월간 노동리뷰』, 한국노동연구원, 2018년 7월호.
- 장지연, 「보편주의가 작동하는 고용안전망소득보장과 능력개발기회」, 『월간 노동리뷰』, 한국노동연구원, 2018년 10월호.
- 정흥준, 「특수형태근로종사자의 규모 추정에 대한 새로운 접근」, 『고용·노동브리프』, 한국노동연구원, 2019. 3. 25.
- 조돈문 외, 「특수형태근로종사자 인권상황 실태조사결과」, 『특수형태근로종사자 인권상황 실태파악 및 보호방안 마련을 위한 토론회 자료집』, 국가인권위원회, 2015. 12. 18.
- 최영준 외, 「프랑스 복지국가의 개편 노력과 일반사회보장기여금」, 『국제사회보장리뷰』, 한국보건사회연구원, 2018년 가을호.
- 한요셉, 「청년기 일자리 특성의 장기 효과와 청년고용대책에 대한 시사점」, 한국개발연구원, 2017.